品读童年
——快乐成长你和我

PINDU TONGNIAN
——KUAILE CHENGZHANG NI HE WO

颜洁·著

WUHAN UNIVERSITY PRESS
武汉大学出版社

图书在版编目（CIP）数据

品读童年:快乐成长你和我/颜洁著 . —武汉：武汉大学出版社，
2022.4
ISBN 978-7-307-22849-8

Ⅰ.品…　Ⅱ.颜…　Ⅲ.小学生—学生生活　Ⅳ.G625.5

中国版本图书馆 CIP 数据核字（2022）第 014110 号

责任编辑:郭　芳　　　责任校对:杨赛君　　　装帧设计:吴　极

出版发行：**武汉大学出版社**　　（430072　武昌　珞珈山）
　　　　（电子邮箱：whu_publish@163.com　网址：www.stmpress.cn）
印刷：武汉雅美高印刷有限公司
开本：720×1000　1/16　印张:13.5　　字数:186 千字
版次:2022 年 4 月第 1 版　　2022 年 4 月第 1 次印刷
ISBN 978-7-307-22849-8　　定价:98.00 元

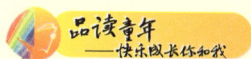

序——了不起的儿童智慧

曾经，我们都是孩子，后来，我们又有了孩子。但是，我们真的了解孩子吗？成年后的我们，是否还记得童年的美好？

带着倾听儿童最真实的声音、探究儿童智慧的期待，上海市建青实验学校小学部颜洁主任带领团队，开启了"品读童年"之旅。在他们的邀请下，众多教育伙伴踊跃加入这一旅程。让孩子们发声，向孩子们学习，是"品读童年"之旅的基调。本书收集了100多篇家长与孩子之间的"爱的对话"，展现了儿童最真实的生活面貌，让儿童的声音被听到，让儿童的智慧得以彰显，让家长与孩子能够一起快乐成长。

每个儿童都是一个独立的个体，他们能独立思考，他们认知世界有他们的视角。当成人世界的功利主义还未沾染他们分毫的时候，儿童以敏锐而富有激情的思维方式探索周围的世界，积极主动地构建自己的认知世界。在对世界好奇、探索、追问和思考的过程中，儿童逐步构建起自己的世界观。因此，在与外部世界的互动中，儿童更能从内心深处去体验、感受、思考。所以，儿童的世界是美好的、简单的、多彩的、积极向上的。

在表达与交流方面，儿童有儿童的话语系统。儿童的语言能力是随着其认知系统和思维能力的发展而发展的。当儿童的思维还处于形象思维阶段时，他们对很多事情的认知会有偏差，常常说出很多童言趣语，有的幽默诙谐，有的妙趣横生。这些有趣而童真的表达，给成人带来了欢乐，也提醒成人保持对生命的敬畏与尊重。

儿童是天生的艺术家。毕加索曾说，他花了一辈子学习怎样像儿童那样画画。好奇心和想象力是儿童与生俱来的能力。儿童的思维来自身体的感受，他们通过身体的感受来理解这个世界。强烈的内在表达的需要，会将儿童隐形的创造力外化。运动、语言、音乐、绘画等各种表达方式，都可以充分激发儿童的潜能。

因此，我觉得"品读童年"之旅特别好，它以艺术的形式架起了一座通向孩子们内心世界的桥梁。

我们可以通过组织一些活动，比如诗歌诵读、戏剧表演等，用语言、用情感去贴近孩子们的内心。同时，孩子们的情感经由诗歌、戏剧等载体也可以得到良好的引导和释放。

从一个戏剧工作者的视角来看，戏剧中的台词、表演等内容，能够培养孩子们的写作能力、口头表达能力及其他综合能力。在这个过程中，孩子们可以去思考、去创作，并以艺术的形式呈现出来，这对培养他们的专注力和发散性思维都有益。

儿童是小小哲学家。很多学者都提出，我们可以从孩子们提出的各类问题中发现人类在哲学方面所具有的禀赋，我们也常能从孩子们的言谈中收获哲学的奥秘。儿童的思维特点是求异、求变，并且能够创造性地提出问题，而不是墨守成规。儿童的语言，不仅充满趣味，还暗含创造性思维。著名学者、哲学研究者周国平曾这样说："在我心目中，孩子都是哲学家，而在事实上，我从孩子口里听到的含有哲理的精彩的话，也的确比从大人口里听到的多得多。"

儿童心中充满爱，他们具有"爱的智慧"。儿童拥有的"爱的能力"，较之于成人，更加强烈、真挚。孩子爱父母，无私而纯粹，单纯而柔软，简单而直接。因此总有人说，孩子给父母的礼物是无条件的爱和绝对的信任。正是因为儿童具有"爱的智慧"，所以在他们眼中，万物皆有情。儿童的情，不但给予人类，也给予花鸟鱼虫等他们身边的一切，儿童将感情投入其中，与之共鸣。他们的情感真切自然、乐观向上。随着儿童逐步地参与社会活动，他们心中的爱越来越广，从爱家人、爱小动物，到爱社区、爱家乡、爱国家……

　　要真正了解儿童，不是对儿童进行理性的逻辑分析，也不是对儿童的世界进行"剪裁"，而是将自己置于儿童的世界中，移情性地去理解他们的语言、行为、思想和情感。儿童是成人之师。确实，成人应该在与儿童的交往中细心体会、琢磨为人处世之道。从童年到成年的过程，是对童心的改进，而不是舍弃，只有本性向往童心的人，才能永葆童心。立体、多元的童心与丰富的儿童智慧等待我们去发掘……

中国福利会儿童艺术剧院院长

2021年10月

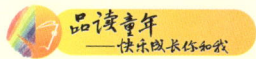

前言——快乐成长没有止境

回想写书之初，书名拟定《解析童年——快乐成长我和你》，但"解析"一词略显生硬，似乎破坏了童年的那份纯真与柔软，阻隔了家长与孩子的亲密无间。经过反复思考，我最终将"解析"改为"品读"。

"品读童年"不仅是对童年的向往、礼赞，更是要唤起家长对自己童年的回忆，进而使家长把孩子看作孩子，并且在与孩子面对面地交流时，家长能全神贯注地倾听孩子的想法。在与孩子的互动中，家长会得到不少启发，甚至会被震撼：幼童不幼稚！他们的语言异常丰富，他们的内心是积极的、单纯的、充满爱意的、敢于冒险的，他们的思想在某种程度上甚至是富有哲理的。

在本书撰写过程中，我与几位妈妈聊起"儿童智慧"，话题一打开，就有一位受过高等教育的妈妈与我分享了一个故事。有一天，她的女儿在弹钢琴时不专心，她一着急，声音提高了八度教育孩子，不料，孩子淡定起身并走出房间，边走边说："等你情绪平稳了我再弹。"我不知道读者对此有何感受，但是这个小学一年级的孩子对母亲行为的反应令我深思：孩子原本是拥有灵气、智慧的，是我们家长不得法的教育方式使之泯然众人矣！

这也是我写本书的初衷：学会更好地倾听、欣赏孩子的智慧，让家长和孩子一起快乐成长。

于是，我和众多教育伙伴一起到孩子们的生活中去，和孩子们做游戏、交谈，记录孩子们的生活。我们开展了"爱的对话"活动，交流、分享、研究儿童的世界，并邀请更多志同道合的伙伴一起来了解孩子们的成长诉求，反思自己的教育方式，构建未来和孩子共同成长的空间，亦是为了自己再度成长，而成长没有止境。

让我备受鼓舞的是，教育伙伴们给予我如此多的信任，带着我走进他们的真实世界，通过见面、交流、提供文字素材的方式与我分享孩子们的奇妙世界，让我得以有机会"品读童年"，并将这一奇妙的世界呈现给大家。

感谢上海市建青实验学校领导给予的信任和支持，感谢华东师范大学国际与比较教育研究所刘德恩副教授一如既往地支持和指导，感谢参加"家校社共育"活动的教育伙伴在我最需要帮助的时候毫无保留地付出，感谢参与"爱的对话"活动的教育伙伴提供的素材。

限于本人水平有限，书中不足之处，烦请读者批评指正。

颜洁

2021年11月于上海

童观·童作·童语·童心·童智

本书只是记录了一群孩子们生活的片段，但我们仍可看出，儿童对世界的认知有其独特的鲜明性、细微性和天真性，即儿童有不同于成人的精神生活。对大人而言，孩子不是大人的附庸，而是一个具有生命力的独特个体；而对人类而言，孩子是真理、爱和人生意义的最大来源，是我们的未来。

一、了不起的儿童智慧

"童年是人生最重要的时期，它不是对未来生活的准备时期，而是真正的、光彩夺目的一段独特的、不可再现的生活。"[1] 换言之，儿童世界是一个特殊的世界。儿童有他们自己的善恶和荣辱观念及人的尊严观念；他们有自己的审美标准，甚至有自己的时间尺度。苏联教育家苏霍姆林斯基的这些精彩言论无疑是对上海市建青实验学校小学部（以下简称建青）孩子们精神生活的最好诠释。

（一）儿童是天生的哲学家、探索者

无疑，建青的孩子是天生的哲学家和探索者。他们对生活、对世界及对自己有着独特的理解和感受，并能够用自己的方式去构建自己的认知体系。

例如，即使是3岁的孩子也会安慰因宠物狗去世而伤心的妈妈，说出"尼克（狗狗名）没有离开我们，他一直在我们的心里！"这么极富哲理性的话语。6岁多的孩子竟然会和家长认真地探讨"曹操到底是坏人还是好人？"这么深奥的问题。

---

[1] 苏霍姆林斯基. 育人三部曲·把整个心灵献给孩子[M]. 唐其慈，毕淑芝，赵玮，译. 天津：天津人民出版社，2019.

　　当然，建青的每一个孩子都是那么独特和让人惊叹，比如那个宁愿不上课也要在阳光下打坐、跳舞，不肯辜负阳光的女孩。我们的第一反应不是她不上课的行为之异常，而是感叹其追逐阳光的执着！

　　电影《地球上的星星》有言："每一个孩子都是独一无二的，都是降临在凡世的小星星，正如那冬日的阳光洒在院子里，驱除我们内心的黑暗，彻底温暖我们，我们不能失去那些，地球上的小星星。"建青的孩子尤其如此！

（二）儿童是艺术家

　　苏联教育家苏霍姆林斯基说："儿童的创作——这是他们精神生活中十分独特的一个范畴，是鲜明揭示每个孩子个人独特性的一种自我表现和自我肯定。这种独特性不可能用大家都必须遵循的某种统一法则去概括。"[1]"原来小孩子看世界有他们自己的眼光，有他们自己的艺术表现手法上的语言，不论你怎样努力，也是无法仿效的。"[2]成人应当尊重和珍视儿童的创作。

　　显然，孩子是喜欢涂涂画画的，他们的艺术是他们内心世界的真情流露，亦是他们精神生活的一部分。孩子的创作不被功利支配，只是为了表达自己的认知、想象、愿望或情感。而且，他们不是把周围世界中的某种东西"搬"到纸上，而是进入了这个世界，生活在这个世界里，并作为美的创造者欣赏这种美。

　　在建青孩子的眼里，无论是反映周边环境的《愚园路的老房子》《树林里的眼镜》《地铁上的下班喵》等，还是反映祖孙之情、父母与孩子日常生活的《活到老，学到老》《学会言行一致》，抑或是反映孩子生活乐趣的《观鱼》《读书》等，这些生活的点滴构建起他们的世界。孩子认识世界、欣赏世界的独特眼光，使我们明白"懂得欣

❶ 苏霍姆林斯基. 育人三部曲·把整个心灵献给孩子[M]. 唐其慈，毕淑芝，赵玮，译. 天津：天津人民出版社，2019.
❷ 同①。

赏和认可艺术创作中的主观感受和精神，而并非唯成绩论英雄的艺术"。

（三）儿童是幽默大师

从本书中，我们看到了建青的孩子无与伦比的幽默和智慧。如"字丑也是一种美，再说万圣节快到了，吓一吓人也是很欢乐的"，与其说这是一种自我解嘲，不如说这是一种智慧和幽默。

（四）儿童是情感治愈大师

无疑，建青的孩子有着最为质朴又最为真切和浓郁的同理心，足以滋润和治愈我们成人那干涸和破碎的心灵。

"妈妈你烧的菜最好吃了！""妈妈你化妆真好看！""妈妈你的手好巧！"孩子对父母的夸奖，是如此真诚和慷慨！

为家里那只死去的寄居蟹而痛哭，为了安慰因亲人去世而痛苦的妈妈把自己设想成是妈妈的亲人重新来到人世间，渴望父母不吵架并有个美好的结婚纪念日，不希望妈妈老去，希望外婆锻炼脑力不要得阿尔茨海默病……孩子对亲人、对动物诚挚的心，是如此感人！

为同伴考出好成绩而发自内心地高兴，买头饰以帮助别人……孩子对同伴的友谊以及对陌生人的帮助，是如此纯粹！

教育妈妈"堵车我们没办法决定，坏情绪妈妈是可以控制的。妈妈，你的坏情绪也会传染给我的。所以，妈妈不要有坏情绪！"希望做妈妈帮手而学切菜，甚至为了妈妈不生气而宁愿挨打的女儿……孩子对大人的"言传身教"，是如此到位！

我们常常以为对孩子的爱，远超过孩子对我们的爱，而事实上，孩子才是最爱我们的人。如果说，我们对孩子的爱常常附加一些条件，那孩子对家长甚至对陌生人的爱竟是如此的纯净，没有掺杂任何东西。因为孩子深爱着我们，所以他们才如此乖巧、懂事地听我们的话，才如此无条件地包容我们，他们的世界就是如此简单！

二、富有爱心的老师和家长

显然，童年是真正的、光彩夺目的、不可再现的一段独特的时期。孩子将来会成为一个怎样的人，起决定性作用的是他们如何度过童年，童年时期由谁携手引导，以及周围的哪些东西进入了他们的头脑和心灵。人的性格、思维、语言都在学龄前和学龄初期形成。很可能，孩子从课外读物、教科书、课堂上接收的一切知识之所以能被吸收，恰恰是因为书本以外还有一个世界。孩子从一字不识到能开卷阅读，这个过程并不轻松。建青的孩子能健康成长，无一不是家长精心呵护、陪伴和引导的结果。

我感叹孩子惊人的学习能力和纯粹之心，与此同时，我也感叹家长对孩子探究精神及人性之美的细心呵护。无疑，建青的家长作为新一代家长的代表，已经掌握了科学的育儿理念，具备充分尊重孩子的意识，是孩子无话不谈的好朋友。

（一）接纳孩子

成为一位稳定且可以提供可靠学习资源的照顾者比直接教导式的照顾者更有价值，人际关系里最基本的信任比教学方法更重要。而这一点，在建青的家长身上体现得淋漓尽致。

本书中，无论是关于生死，还是关于学习或家长单位的"八卦"等，都是可以轻松聊天的话题，浓浓的母子情、父子情溢于言表。

因为爱孩子，所以家长能发自内心地接纳孩子。正如一位家长所言："孩子的一生会经历各种各样的情感，这些点点滴滴构成了他们丰富的内心世界。愉悦指引方向，担忧决定边界。我们家长需要做的是理解、接纳和引导孩子。" 比如，面对孩子通过扔硬币的方式来决定是否报考小荧星艺术团，家长虽然感到惊讶和可惜，但仍然尊重孩子不报考的决定。

因为爱孩子，所以家长才会认可并高度赞扬孩子"当个妈妈"的理想，哪怕这种理想在目前"内卷"的社会环境中显得有些格格不入！

正是因为爱孩子并发自内心地接纳孩子，所以家长才会对孩子的教育问题有自己的独特看法，并能在目前高压和"内卷"的社会环境下保持清醒的认识，强调："即使您是一条龙，您的孩子也未必是龙，龙生九子，各有不同。心态好一些哦，不要焦虑，不要'内卷'。"

显然，不是所有的家长都有这种清醒的认识，但至少有部分家长能够如此。我相信，这必将带动更多的家长认同这种想法。

（二）充分地尊重孩子

"呵护童心，从学会倾听开始，在倾听中形成关系、获得理解、追求意义。"确实，只有认真地倾听，我们才能听到孩子最真实的声音，感受到孩子最赤诚的心。

　　建青的家长并不是居高临下地单方面"倾听"孩子在学校发生的事情，而是作为与孩子"对话的伙伴"，同时分享自己单位的"八卦"。分享这些成人世界中的寻常故事，一方面，给孩子如何叙述日常生活起到了引导作用；另一方面，也让孩子对成人世界的生活和工作有了更多的了解，从而增进家长与孩子之间的关系。当然，最重要的是，家长的分享充分体现了对孩子的尊重及对孩子主体地位的认可。

（三）充分地信任孩子

　　在成长过程中孩子会遇到各种问题，如被喜爱、被追随、被拥护、被厌恶、被排挤、被欺负等。但在孩子遭遇负面对待时，建青的家长并没有立即开启"护犊"模式，而是冷静地了解情况，客观、公正地给孩子提建议，并鼓励孩子尝试自己去解决问题，给予孩子独立解决问题的机会。本书中的多个案例，无不充分体现了家长对孩子独立解决问题能力的培养。

　　心理学家高普尼克说过，好父母是园丁而不是木匠。木匠的工作是把拥有的材料塑造成符合自己期望的特定产品，而园丁则会根据不断变化的环境为植物提供需要的养分。作为园丁的父母，不要企图去塑造孩子的思想，而是让他们去发现世界上的所有可能。养育孩子不是做木匠活，誓要将孩子按照明确的模样去雕琢。相反，为人父母就像在园子里种花，旨在提供一个营养丰富、安全稳定的环境，让各式各样的鲜花茁壮成长；旨在为孩子提供一个健康、强大、多样的生态系统，让他们自己创造未来。父母和子女之间有着非常特别的爱，这是一种长期、奉献的爱，没有任何附加条件。

　　由此看来，建青的家长堪称理想的园丁，他们与孩子之间独一无二的美好关系，他们给孩子提供的机会和激励，以及他们对孩子细腻贴心的呵护，无不让人赞叹。

三、面对儿童，我们还能做什么？

苏霍姆林斯基说："我一向认为，要进入童年这个神秘之宫的门，就必须在某种程度上变成一个孩子。"[1] 遗憾的是，即使我们从来不曾忘记童年，我们也不能重新回到自己的童年，更不能完全理解孩子的所思所想，正如鲁迅的《小杂感》所述"人类的悲欢并不相通"。换言之，我们对孩子的喜悦、悲伤、所思所想，从来都没法做到真正的感同身受！时至今日，建青的家长和老师早就明白了"爱孩子"的重要性，只是不知道如何更好地去爱。

（一）给予孩子在自然界中充分感知的机会

对儿童教育而言，"传授知识之前先要教会孩子如何去思考、感知和观察"。孩子是全身心参与学习的人，尤其是小学低年级的孩子，他们更需要通过亲近自然来提高自己的学习能力和创造力。正如著名画家文森特·凡·高所言："人应该去倾听自然的语言，而不是画家的语言。对真实世界的感受要比对画作的感受重要得多。"

大自然给孩子带来了远离成人世界的充满幻想、自由、隐秘、宁静的领地，给孩子提供了更多的安全保障，它让孩子更加自信。因此，"那些童年时期在自然的挑战下成长起来的人，可能会变得更坚强"。

无疑，在建青，也有家长充分认识到对孩子进行自然教育的重要性，并在不同的季节带孩子去参加不同的活动：春天，他们带孩子去田野体验春暖花开，去踏青，去挖笋；夏天，他们带孩子去摘桃子、摘梨子；秋天，他们带孩子秋游摘橘子；冬天，他们带孩子去南京赏雪景……

但相对而言，大部分家长都缺乏让孩子在大自然中充分活动、感

---

[1] 苏霍姆林斯基. 育人三部曲·把整个心灵献给孩子[M]. 唐其慈，毕淑芝，赵玮，译. 天津：天津人民出版社，2019.

知和探索的意识。著名自然教育家理查德·洛夫在《林间最后的小孩：拯救自然缺失症儿童》中专门说道："在2009年一项对16个国家的2400位母亲进行的调查中，87%的被调查者表示希望自己能有更多的时间与自己孩子玩耍互动，……可能最有趣是以下这个数据：在中国，只有5%的母亲说自己的孩子常常在大自然中探索。"十多年过去，这一数据（5%）也许有所提升，但鼓励和支持孩子在大自然中进行探索的家长仍旧不多。

导致家长（当然不仅仅是建青的家长）减少孩子户外活动的原因无外乎：原生态的户外活动空间不足、孩子的课程里没有户外活动的学习内容、家庭生活方式过度组织化等。

户外活动的严重不足，不仅会导致孩子患上"自然缺失症"，也会使孩子失去发展"博物学家智能"的机会。自然缺失症，是指人类因疏远自然而产生的各种表现，比如感觉迟钝、注意力不集中、生理和心理疾病高发等。博物学家智能，则是多元智能中的一种，是指具有强烈的好奇心和求知欲、敏锐的观察能力，且善于观察自然界中的

各种事物，能察觉各种事物的细微差别，并对物体进行辨析和分类的能力。拥有博物学家智能的孩子往往具有更敏锐的视觉、听觉、嗅觉、味觉、触觉等，更善于发现并区分自然界中的事物，以及更强烈地表现出保护环境和濒危物种的意识等。

经常户外活动，不仅有利于提高孩子的注意力，有效预防抑郁症，也更容易激发孩子的想象力。如在澳大利亚、加拿大、美国等，一项关于在既有绿地又有人工游乐场所的学校就读的儿童行为的研究表明，孩子在绿地上玩耍时能发明更多有创造力的游戏。甚至有研究发现，20世纪70年代之前富有创造力的人当中，他们的创造力和想象力几乎都根植于他们早年的自然体验。

总之，抽象的知识并不能取代真实的体验，很多孩子能告诉你有关亚马逊热带雨林的一些知识，但无法告诉你他们上一次在荒僻的林间探索或者躺在田野听风的声音、看云朵飘过是什么时候。很多孩子没有体会过在秋日辽阔的原野与自然神交的心境，也很少体会到躺在房顶望着满天的繁星、听着蟋蟀或其他昆虫的鸣叫时，那种我拥有自然万物、自然万物也拥有我的浪漫情怀。

因此，家长"应把教孩子理解自然作为其人生的一件大事对待"，在这方面，家长有诸多事情可做。

第一，带着孩子去走之前未曾走过的路，探寻周围未知的角落。

第二，和孩子一起坐在池塘边，静静地欣赏青蛙出水的优雅之姿，静静地倾听周围草丛里虫儿的鸣叫。

第三，带孩子去钓鱼、捉蝌蚪。

第四，适当带孩子去露营，多带他们去远足。

第五，让孩子学会游泳并陪同孩子追逐波浪、雨中嬉戏等。

第六，在可爬树的地方教孩子如何爬树。

第七，和孩子一起种植物并观察其生长。

（二）对孩子的探索给予持续性的关注

无论是已有的研究，还是建青的孩子的表现都充分说明，孩子具有探索的意识、学习的能力及浓烈的情感。但他们的好奇心，探讨问题的积极性，所提问题的深度，以及对世界的基本感受和认知等，都受到环境的极大影响。不同的环境不仅会对儿童探索的具体内容产生直接的影响，更会对儿童探索的持续性和深度产生深刻的影响。

在夏山学校的创立者、著名自由主义教育家尼尔眼里，孩子生来聪明又现实，只要给予他们充分的自由，他们就会发现自己是块什么料，从而发挥自己的潜能，根本不需要成人的督促。因此，我们应该给孩子提供充分的自由及参加各种活动的机会，让他们去发现自己的兴趣所在。而兴趣意味着他们的优势和在未来的竞争力，更关系他们的幸福感。孩子是有选择能力的，夏山学校的实践证明，即使是五六岁的幼儿也能发现自己的兴趣所在。

成功心理学的理论告诉我们，判断一个人是否成功，最主要的是看他是否最大限度地发挥了自己的优势。美国"优势运动"的创始人詹妮弗·福克斯呼吁："如果我们必须做点什么来帮助孩子自信而成功地面对未来的话，那就是培养他们的优势，这与教他们懂得技术一样重要。"

但目前，我们很少发现孩子对某个问题或者某种动植物有长期的、持久的兴趣和探索行为。这固然有多方面的原因，其中至关重要的是对孩子的探索或者好奇行为，成人是否给予了持续的而不是偶尔的关注。

其实，在儿童强烈的好奇心驱使下，他们对某些问题的关注往往是持续性的，颇有不达目的誓不罢休的劲头，其中，成人是否持续的关注是决定性因素。因此，家长应该成为一位稳定且可以提供可靠学习资源的照顾者，并有意识地、逐步地把孩子喜欢探究的问题和目标呈现出来。一方面，便于培养和发展孩子的兴趣或者优势领域；另一方面，也有助于孩子的深入学习。

（三）善于发现和抓住偶发事件中的教育价值，引导孩子深入学习

法国著名雕塑家罗丹说："世界上缺少的不是美，缺少的是发现美的眼睛。"同样，生活中处处蕴含着教育机会，关键在于家长要有一双慧眼和捕捉机会的头脑。无疑，这种意识和能力不是天生的，家长需要通过不断学习而获得。

如本书中几位家长都提到了生活中的死亡事件以及孩子的反应，但主要是孩子对成人的安慰，如"爷爷成为飞行员了""尼克（家里的宠物狗）一直在我心中"。一年级的小朋友希望发明捕梦网："妈妈，因为我希望你和外婆开开心心的，有了捕梦网，你们就可以抓住快乐，放掉痛苦。"而三年级的小朋友立下志愿："我会好好学习，如果真的有一天发生了大爆炸，我会造一艘宇宙飞船带着你和妈妈去别的星球生活。"……有点遗憾的是，家长没有就类似话题做进一步的探讨。其实，抓住机会适当地对孩子进行生命教育——探讨生命起源、珍惜自己、生死尊严等，是非常有必要的。

（四）鼓励孩子去记录自己的成长和发现

无疑，建青的家长和老师对孩子的爱溢于言表，从孩子的午睡到吃饭、上厕所等，事无巨细，家长全都在关注，拳拳之心让人感动。但从另一个角度，我们看到的仍然是家长眼中的孩子及亲子关系等，而很少有孩子的记录。

无论是为了提高孩子的写作能力，还是为了发展他们的自我反思能力，家长都应该鼓励孩子去记录生活。

第一，鼓励孩子写生活日记和游记。如鼓励孩子用词语和图画描绘一只"衣衫褴褛"的大黄蜂摇摇摆摆地穿过秋叶，或者两只灰松鼠奔跑着采集修筑冬巢的苔藓和小树枝。

第二，鼓励孩子用文字和图片记录周围动物和植物在四季中的变化。

第三，鼓励孩子搜集相关事件的报道并撰写评论。

（五）让孩子进行必要的体力劳动

苏联教育家苏霍姆林斯基早在20世纪50年代就提出：体力劳动是一种巨大的教育力量，不仅能够促进学生钻研精神和求知欲的发展，也能让学生在周围世界里不断发现新的美好事物，唤起他们初步的公民义务感——对人类生活必不可缺的物质财富的创造者的感情。

2020年3月20日，中共中央　国务院发布的《关于全面加强新时代大中小学劳动教育的意见》强调，对中小学生进行劳动教育有助于让孩子感知劳动乐趣，爱惜劳动成果，尊重普通劳动者，初步养成热爱劳动、热爱生活的态度，指出劳动教育是培养学生正确的世界观、人生观、价值观的必要手段之一，要把劳动教育贯通大中小学各学段，贯穿家庭、学校、社会各方面。

仅仅是为了孩子的身体健康，体力劳动也是必不可少的。"孩子们到底缺了什么东西？连橄榄球和'少年棒球联赛'这样的体育运动都无法给他们减肥？结论是：缺少的东西可能就是随时随地的体力活动。"[1]

因此，培养孩子的劳动意识和劳动能力应该是家庭教育不可或缺的内容。结合国家有关文件的精神及一些教育家的研究，家长可对小学阶段的孩子进行如下的劳动教育：

第一，个人生活起居类劳动。整理、清洗个人物品，强化"自己的事情自己做"的意识，提高生活自理能力。

第二，家庭劳动。参与家居收纳、整理、清洁，制作简单的食物等，培养家庭责任感。

第三，校园劳动。参与学校集体劳动，维护校园卫生，培养集体荣誉感。

第四，种植性劳动，在家里种植花花草草，学习初步的嫁接知识。操作性劳动，使用简单的工具（如小锤子、小刀、剪刀、凿子）等维修或制作日用品等。

也许，建青的一些家长已经在孩子的劳动教育方面做了一些努力，还有一些家长没有意识到相关教育的重要性，但无疑，这是孩子的教育中不可忽视的内容。当然，对于劳动教育家长不仅需要言传，更应身教，在潜移默化中，让孩子养成从小爱劳动的好习惯。

---

[1] 洛夫.林间最后的小孩：拯救自然缺失症儿童[M].自然之友，王西敏，译.北京：中国发展出版社，2014.

　　总之，就像著名的儿童心理家高普尼克所言："孩子让我们的生命充满了意义和价值；孩子是美丽的，哪怕他们会长水痘，膝盖上会有擦伤，还随时流着鼻涕；孩子创造的语言和图画也总是美丽的；孩子是我们最深刻的道德难题和道德胜利的来源；我们对孩子的关心胜过了对自己的关心；在我们死后，我们的孩子会继续生存，这在某种意义上让我们变得不朽。"同时，也正是童年，让我们所有人能够成为我们自己。

　　我们在教育孩子，同时孩子也在引领我们成长。让我们与孩子一起携手同行！

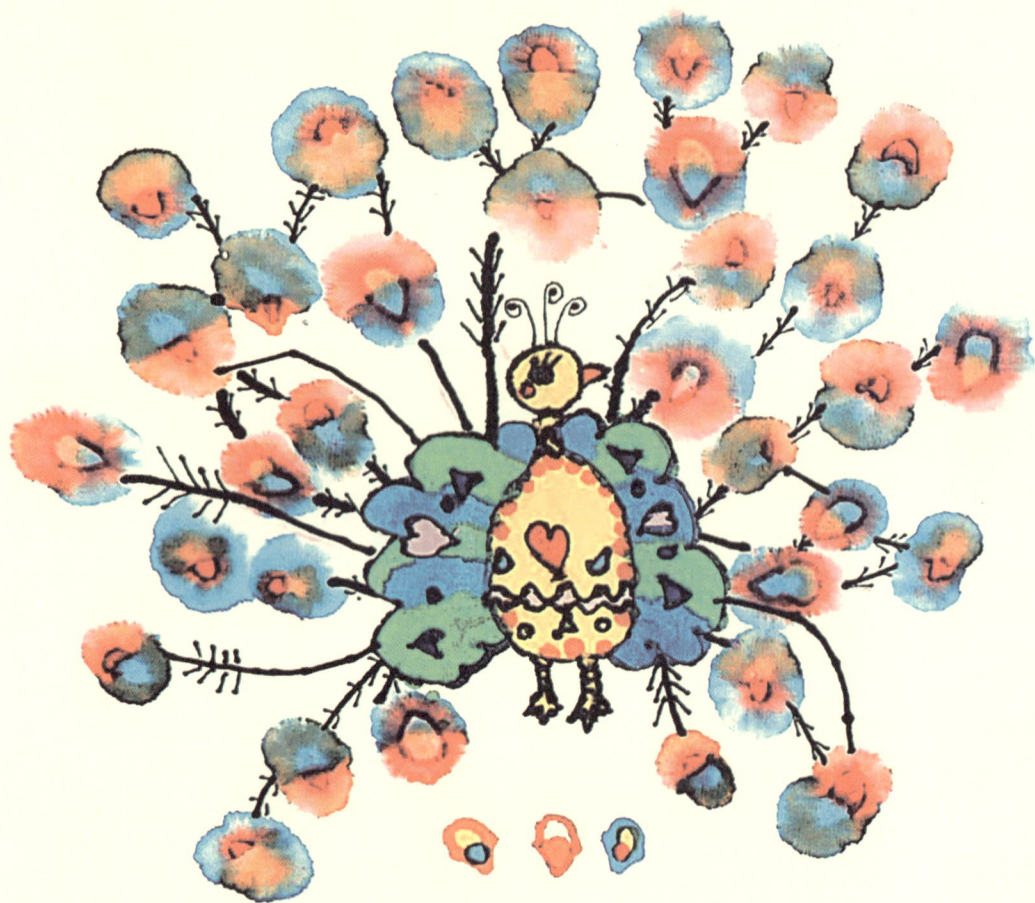

童年的我们啊，在何方？

● 导 语 ●

孩子的世界，想想都觉得很有意思。

"妈妈你看，
雨点落在地上，积起的水像小蚂蚁的游泳池。"

童年的我们啊，在何方？

小时候，因为父母工作繁忙，我和外祖父母一起生活。我们住的是老式公房，用的是公共的厨房和卫生间，虽拥挤但充满人情味。邻里之间相互照应，亲如友朋。哪家煮了好菜，都会端给邻居一份；哪家发生争吵，邻居们一夜不睡觉也要当个和事佬；家中有老人的，帮衬着照看双职工家的孩子。

邻里和谐，孩子们自然就打成一片。尤其是在寒暑假，父母们都去上班了，我们这群读初中、读小学的孩子，捉知了、斗蟋蟀、打弹珠、下象棋、跳房子、踢毽子，在简易的、小小的洗衣台上打乒乓球，三五结伴到小食品店吃刨冰……印象最深的是在路灯下打牌。路灯旁住着一家需要上夜班的人，常骂我们晚上打牌太吵，而顽皮又胆大的孩子哪管这些？我们照玩。最后这家人竟悄悄地把路灯砸了！然而路灯一装好，我们就"卷土重来"，第二天路灯必坏。如此反复了几次，我们觉得无趣了，路灯下的牌局也就散了。寒假，我们按照鲁迅《少年闰土》中描写的捕鸟的情景，在楼前小花园里设陷阱捉鸟。我们在寒冬中潜伏了好久，冻得瑟瑟发抖，却未曾捉到一只鸟，大家气鼓鼓的。等到我长大之后，每每看到鲁迅的作品，总会想到那时的一幕幕场景。每每与朋友回忆起当年，中年人的脸上，阳光灿烂！美好的童年生活始终留在我的记忆里，至今难忘。大大小小、琐琐碎碎的事情，对中年的我而言，弥足珍贵。

我们撰写《品读童年——快乐成长你和我》的初衷，也许是当我们牵着孩子们的小手，慢慢地走呀，走呀，走过花园，穿过密林，经历风雨，遇见彩虹，有过竹杖芒鞋轻胜马的肆意洒脱，也有过万水千山只等闲的处变不惊，但不论在怎样的环境中，人生的乐趣仍然是有的；当我们一起回望过去，品读童年，童年的我们啊，童年的美好啊，依然驻留在心间，宛如故友再相逢。

　　我曾与朋友畅聊，想做这样一件事：原生态地记录孩子们的生活，研究孩子们的智慧。这个想法和后续的实践得到了朋友的肯定，而她的想法又启发了我去再思考。

　　童年时光是人生中最美好的时光，童年的温馨幸福为抵御成年的风吹雨打提供了绵绵不绝的精神力量，正如人们常说的，幸福的童年治愈一生。可是，童年又是短暂的，尤其是在竞争日益激烈的今天，当超前学习成为抵御"内卷"的利器，当剧场效应使年轻的父母纷纷站起，当幼儿园中班的孩子做着二年级的数学题，当下孩子们的童年比以往任何时候都要消逝得更早一些。我们想留住孩子们童年里的温馨时光，想在他们的故事里一探美好的童真，想在孩子们尚未完全遵守成人世界的游戏规则时，原生态地记录他们的童年，以引起基础教育者与父母的观照与反思。

教育伙伴说

　　分享巴勃罗·聂鲁达的诗，让我们一起回望童年。

童年的我啊，你在何方？

（巴勃罗·聂鲁达）

童年的我啊，你在何方？
仍包藏在我的躯体里，还是已经消亡？
谁知道是由于我不喜欢他，
还是他不喜欢我？
我们共同度过那么多时光，
难道长大成人就是为了分离？
童年的我既然已经逝去，
为什么我们并没有死在一起？
如果作为灵魂，他已经离去，
为什么还要剩下我这副骨骼和躯体？

深爱做根

午间巡视时，我走进一年级的教室，看见小朋友们在各自做游戏、交谈、做作业。其中，有个小女孩正在画画，她专注的模样吸引了我的注意。我走近一看，她正在画一棵树，树冠如同彩虹一般，鲜艳美丽。

"你画得真好看！"我由衷称赞她，随即问，"为什么这棵树的树冠不是绿色的？"

"我妈妈喜欢五颜六色的。今天是妈妈的生日，我想画棵五颜六色的树送给她。"

"你真是个可爱的孩子！"

"谢谢老师。"孩子笑得甜甜的。

小女孩甜美的笑脸，让我想起不久前开展的"微笑日记"活动中一篇一年级学生写的日记：

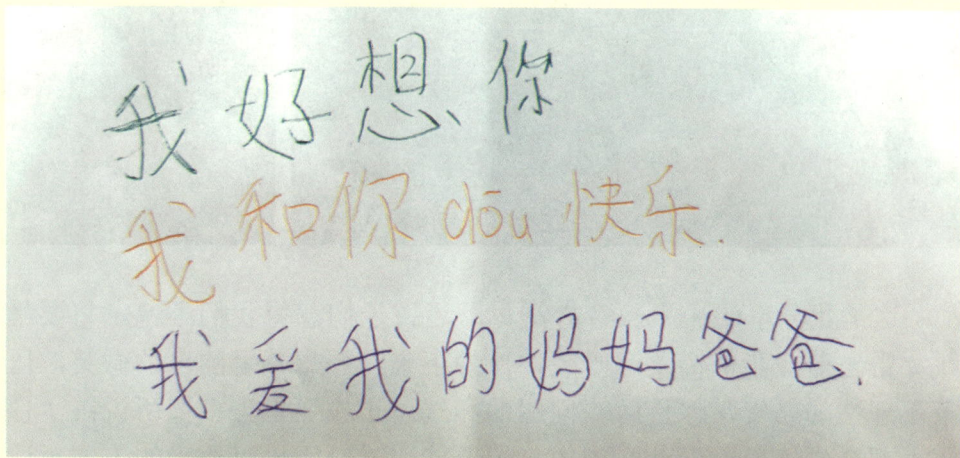

在之后教育伙伴开展的"微笑日记"座谈会中，大多数家长、老师在众多一年级学生写的日记里，都选择了"我和你dōu快乐"作为"最佳记录"。

《传习录·徐爱录》中记录了王阳明和弟子的一段对话。

爱问："至善只求诸心，恐于天下事理有不能尽。"

…………

先生曰："……须是有个深爱做根，便自然如此。"

父母爱孩子，总想把最好的给孩子，努力做到无条件的爱。但在现实生活中，孩子才是真正无条件地爱着自己的父母。

在我举办的家庭教育讲座中，有一项内容的反响最为热烈——蒙娜丽莎微笑法。

这是我分享的一个教育方法，即当孩子们惹得我们不悦，将要暴跳如雷之前，我们需要深呼吸，冷静下来，想想蒙娜丽莎的微笑，压下不理性的怒气，保持解决问题的和气。正如亚里士多德所说："任何人都会生气，这没什么难的。但要能适时适所，以适当的方式对适当的对象恰如其分地生气，可就难上加难。"[1]

讲座后不久，有位家长遇见我，说到有次孩子调皮惹事，她刚想要大声呵斥他时，就想到了"蒙娜丽莎微笑法"，于是深呼吸，且心中默念"微笑"数次，心情慢慢平复下来，控制住了坏情绪，没有说出伤感情的话，也没有做出鲁莽的行为。

一念放下，万般自在。幸而这位家长及时停止了她的"教育"。她默念"微笑"之时，理性开始起作用，从而找到了更好的教育方式。

---

[1] 亚里士多德. 尼各马可伦理学 [M]. 廖申白，译. 北京：商务印书馆，2003.

"蒙娜丽莎微笑法"能让我们控制情绪，守住爱这个"根"。

"根"是什么？

根是社会为孩子免受世界负面影响而提供的保护，是正直阳光；

根是父母、老师以及孩子的长者给予的榜样的力量，是无私温暖；

根是孩子之间相互学习和彼此尊重，是相伴成长；

根又或是回顾过往，展望未来，不忘感谢那些种树的前人……

教育伙伴说

对孩子的爱必须有"根"，"根"是什么？这是一个仁者见仁、智者见智的问题，我们可以和孩子们一起从这首诗中体悟。

论孩子
（纪伯伦）

你们的孩子，都不是你们的孩子，

乃是"生命"为自己所渴望的儿女。

他们是借你们而来，却不是从你们而来，

他们虽和你们同在，却不属于你们。

你们可以给他们以爱，却不可给他们以思想，

因为他们有自己的思想。

你们可以荫庇他们的身体，却不能荫庇他们的灵魂，

因为他们的灵魂，是住在"明日"的宅中，那是你们在梦中也不能想见的。

你们可以努力去模仿他们，却不能使他们来像你们，

因为生命是不倒行的，也不与"昨日"一同停留。

你们是弓，你们的孩子是从弦上发出的生命的箭矢。

那射者在无穷之中看定了目标，也用神力将你们引满，使他的箭矢迅疾而遥远地射了出去。

让你们在射者手中的"弯曲"成为喜乐吧。

因为他爱那飞出的箭，也爱那静止的弓。

智慧把我们带回童年

（孩子们的声音）

建青的树真高呀！

建青的花真美呀！

建青的书真多呀！

建青的小朋友真可爱呀！

"哈哈哈哈哈哈……"

孩子们开心地笑着……

这是上海市建青实验学校2021年开展的"童声·共长 倾听儿童的声音，和孩子们一起成长"教育研讨会开场视频中的一段旁白。当稚嫩纯真的童音在片尾再次响起，全场五百多名学生竟然一起跟着朗诵。坐在我身边的与会专家略带讶异，回过头问我："这是你们彩排过的？""没有！他们是第一次听。"我答道。

虽然我已经看过很多遍这个视频，但坐在会场，我依然被充满真情的美妙声音打动。在策划这场教育研讨会之前，我们定下的基调是：让孩子们发声，向孩子们学习。于是，我们团队的众多教育伙伴以研究的心态来到孩子们中间，和他们聊学习、生活，聊搞笑的人、困惑的事，就这样，自然而然地听到了孩子们的充满诗意的话语：建青的树真高呀！建青的花真美呀！建青的书真多呀！建青的小朋友真可爱呀！……细细品味，其中还有点哲理，不是吗？

喜爱真实是人的天性，我们和与会的师生们一样，都被现场孩子们的声音感染而欢喜，这不正是因为孩子们的直觉、天赋、真实、率性和无邪吗？孟子说："大人者，不失其赤子之心。"

但是，非知之艰，行之惟艰。教育从来没有像今天这样备受关注，家长从来没有像今天这样焦虑不安。不知从何时起，提及教育，总是离不开"内卷""躺平""焦虑"这些词。在夹缝中喘息的教育，要想"向孩子学习，倾听孩子的声音"，谈何容易！有位智者说："知识已经来了，智慧却在门外徘徊。"正因为如此，我们更需要勇敢地跳出来，换一种角度看待教育，回归教育本身。

孩子的智慧体现在好奇心驱使下不断提出问题。我们大人要做的，不是急着给出标准答案，而是营造让好奇心持续生长的环境，让孩子自己去探究和发现。对于孩子而言，这将会是多么美妙的成长体验！在此过程中，我们也能和孩子相伴成长，让智慧把我们带回童年，一起在阳光下奔跑、跳舞！

现在，让我用孩子们一个好奇的问题来问问你。

"为什么我来了？"

亲爱的家长们，你将如何回答他？

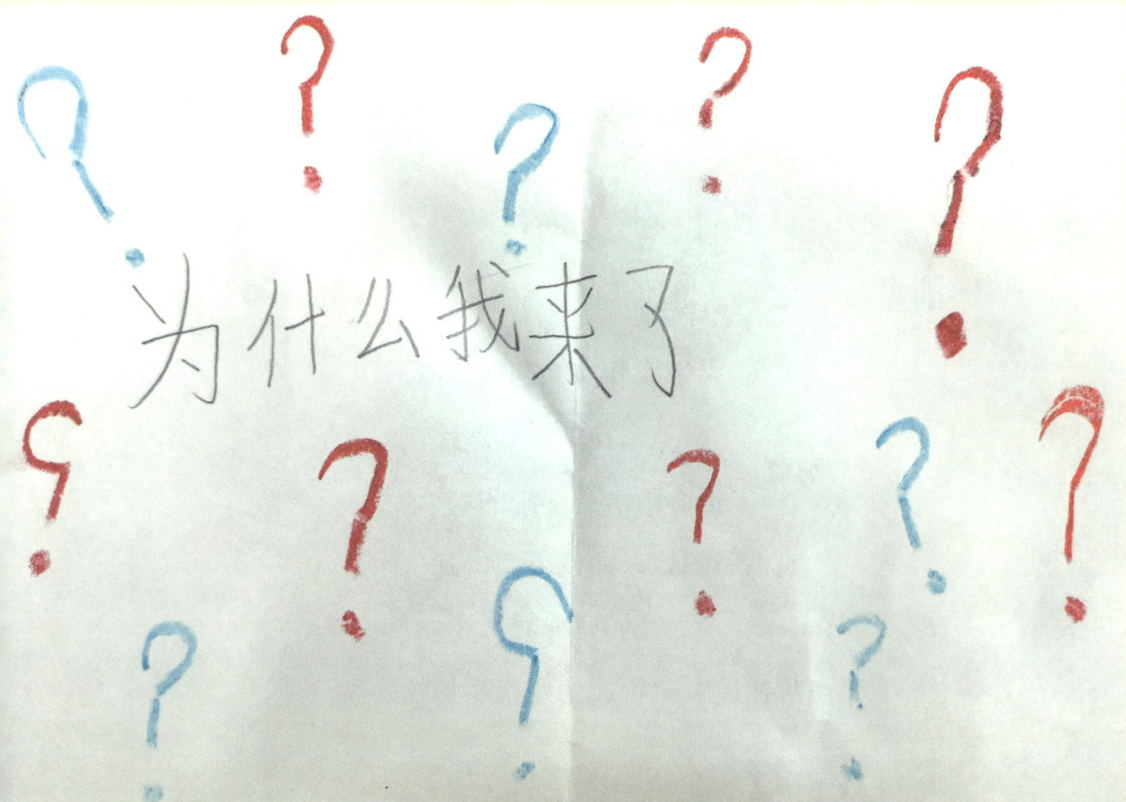

教育伙伴说

我们和孩子是完全不同的个体，我们应全神贯注地倾听他们的"为什么"，并且与他们对话、和他们合作，一起去探寻"为什么"背后的精彩。或许，从这段旅程中，我们能够受到孩子的启发，从而引发一些有趣而富有哲理的思考。

附上一首哲理小诗，我们以此为镜。

灯为什么熄了呢？

（泰戈尔）

灯为什么熄了呢？

我用斗篷遮住它，怕它被风吹灭，因此灯熄了。

花为什么谢了呢？

我的热烈的爱把它紧压在我的心上，因此花谢了。

泉为什么干了呢？

我盖起一道堤坝把它拦起给我使用，因此泉干了。

琴弦为什么断了呢？

我强弹一个它力不能胜的音节，因此琴弦断了。

向前走

雨中我和女儿向前走着，

我把伞往她的那边撑，

担心雨水打湿她的衣衫，

小小的她只顾低着头，踩着水。

妈妈你看，

雨点落在地上，积起的水像小蚂蚁的游泳池。

雨中我和女儿向前走着，

走过一座小桥，

我紧紧牵着她的小手，

怕她一不小心滑倒，

她转头望着那条小溪。

妈妈，雨点滴到河里面，一圈一圈的，

像小鱼的呼啦圈。

我和女儿向前走着，

雨停了。

女儿把我的手松开，跑到树下。

妈妈，树叶上的雨珠，

远看亮晶晶，近看是透明的。

　　这是在女儿5岁时，我和她在雨中行走、对话的场景。当时，看着小小的她说出这样的精彩之言，心中喜悦，回家就做了记录。今日再看，深觉不错，通过微信发给了正在实习的她。

　　女儿："这居然是我小时候说的话？"

　　我："对，那时你5岁。现在你怎么看？"

　　女儿："以成年人的角度来看，这三组比喻其实挺普通的，但是5岁时还没有经过系统的语言文字学习，完全出于自己的观察和想象就能说出这样的话，觉得自己想象力挺丰富的，很乐于观察这个世界。"

　　孩子的成长，始终是父母特别关注的。在孩子成长前行的道路上，父母若记录下他们的童年趣事、成长烦恼、惊喜瞬间，这将是一件非常有意义的事情。当然，持之以恒地记录孩子的成长还是有难度的。至今都觉得遗憾的是，只记录了女儿童年时期一部分的故事。同时，我也是幸运的，现在翻阅那些记录下来的故事，与孩子一起回忆宝贵的童年，是多么愉悦的体验！

教育伙伴说

　　我推荐家长记录孩子的成长，这样，不仅我们可以更好地观察自己的孩子，而且等孩子长大了，这何尝不是一份给他们的最好的礼物呢！届时，这份礼物是给他们的，也是给我们的。

小达尔文

　　为什么过重的课业负担会影响孩子的身心健康？因为孩子自由玩耍的时间被剥夺，导致心理失调。

　　好的、有质量的玩耍会给孩子带来非常多的好处，在科学史上，许多伟大的发现就是在发明家玩耍时产生的。

　　小顾参加了"中国学生好问题"大赛，在7万多名参赛的中小学生中脱颖而出，获得特等奖，被称作"小达尔文"。小顾的获奖问题是一个涉及生物学的问题——"为什么蝶蛹的颜色会随环境颜色改变？"她能提出如此专业、高深的问题，其实源于平日里对自然生物的好奇和一颗喜欢探究的心。问题的起因是：有一次小顾去朋友家，朋友要她找悬挂在3D打印机上的玉带凤蝶蝶蛹。她找了半天，却连蝴蝶的影子都没发现。最后还是顺着朋友手指的方向，才发现一个灰色的蝶蛹。她想起自己平时在郊外游玩时，看到的玉带凤蝶蝶蛹貌似只有棕色和绿色两种颜色，现在居然看见了灰色的蝶蛹。小顾猜想，会不会是在不同颜色的环境下，蝶蛹会变成不同的颜色来隐藏自己，以免被发现呢？为此，她做了一系列的试验来验证自己的假设，用了一个多月的时间来记录、拍照，结果却令她大失所望，试验的结果并不能验证最初的假设。但她并没有气馁，通过查阅资料、请教专家，她调整了自己的研究思路，制订了进一步的研究计划，最终成功验证了自己的假设。

对于女儿得奖，小顾妈妈在感言中提及次数最多的就是"自由"，她感谢学校充分尊重孩子的这份自由，并给予孩子施展兴趣爱好的空间。

教育伙伴说

像小顾这般喜欢观察自然的孩子不少，一草一木皆有情，大自然里的动植物每时每刻都在向他们诉说着精彩的故事。

品读童年

用与孩子一样天真的眼睛，微笑地看着一切，平平静静，简简单单，这绝不会让人感到生活单调、乏味，反而觉得质朴、可爱。因为，生活原本就是这样可爱的！

一瓶没有灵魂的汽水

● 导 语 ●

童言童语，闪烁着智慧的光芒。

"妈妈，你看，我抓住了夏天味道的风。"

一瓶没有灵魂的汽水

　　小宝学琴的楼下是"九井"，一家规模很大的日料餐馆。每次路过，她总要向里望望，但从没有提出要进去吃一顿。上周日学完琴后，因她抗议日程排得过满而为她取消了下午的画画课，时间一下子变得多了起来。于是，小宝提议去"九井"吃午饭，我也欣然同意了。进去后，虽然已经没有包间，但是吧台的位置也不错，她颇喜欢。点好菜后，小宝就自己在餐厅里玩，过了一会儿，她说："妈妈，我想喝波子汽水。"心想着既然已经开始享受生活了，那就快乐到底吧！于是我说："你去找服务员给你拿吧。"很快，服务员就过来询问："小朋友，请问你是想要冰镇的，还是常温的？"小宝思索了一下，接着在我的注视下说："常温的。"然后对我说，"天气凉了，要喝常温的。"汽水送上来，她喝了一口之后，略带遗憾地对我说："可是汽水没有冰镇就没有了灵魂。"我哈哈大笑，对她说："你喝了一瓶没有灵魂的汽水。"

教育伙伴说

　　小宝天性喜凉，和我们以温热为食的养生之道背道而驰。很多次因为小宝要喝凉牛奶、吃冰激凌，引发了我们母女之间的大战。小宝在常温汽水与冰镇汽水的抉择中选择了我想要的回答，听到小宝的回答之后，我的心情其实是很复杂的。有时，在对小宝的教育中，我常常会想起《小王子》，这个关于爱与驯服的故事。小宝因为对我的爱，而选择听我的话，按照我的意愿去做。在我对她的表扬中，"听话"二字也渐渐多了起来。我内心其实是矛盾的，既希望孩子听话，少走弯路；又希望孩子有主见，独立自主。当家长打着"为你好"的旗号来说服孩子时，是否曾考虑过孩子内心的真实感受？小宝喝着我认为健康的常温饮料，说出了"汽水没有冰镇就没有了灵魂"这样的话，可见她的内心是渴望喝一瓶冒着气泡的、冰爽的汽水的。我后来也尝了一口常温汽水，那温吞吞的口感真难喝，说它是一瓶没有灵魂的汽水真是太准确了！

四季豆

二宝："妈妈，我给你猜个谜语吧！"

我："好啊！"

二宝："我和姐姐，打一种植物？"

我："金兰？"

二宝："不对哦！答案是——四季豆！"

我：……

教育伙伴说

自从上小学以后，二宝的语言能力得到快速提升，常常以和姐姐斗嘴为乐，还真是"四季斗"呢。

真正的英雄主义

女儿："我知道没有海绵宝宝，但海绵宝宝是我的英雄。"

妈妈："我不明白……"

女儿："真正的英雄主义，就是知道生活的真相，还依然热爱它！"

妈妈：……

教育伙伴说

有时候，孩子真是家长的老师！每一个孩子的成长都是独一无二的，从咿呀学语到妙语连珠，不仅给家人带来欢笑、惊喜，更让人感叹成长的神奇！而卡通人物往往能将善良、智慧、勇敢的种子播撒到孩子的心田中！

抓风

坐在车上开着车窗，风吹过来，女儿把手从车窗伸了出去。

妈妈："不可以！"

女儿："妈妈，你看，我抓住了夏天味道的风。"

教育伙伴说

小朋友都是天生的诗人，都是从童话世界中走出来的，他们充满想象力，只是在被家长不断"谆谆教导"之后，离开了童话世界。

做作业的学问

女儿写作业，写得很慢。妈妈对她说，在保证质量的前提下，速度也要提上去，要不然时间会过得很快……

女儿："时间过得再快，也是一分一秒过的呀……"

妈妈："做作业就是为了学知识，要讲效率……"

女儿："我觉得做作业不是为了学知识，是为了思考，是为了学会考虑事情的逻辑……"

教育伙伴说

小朋友是天生的思想家！那些充满智慧的、搞笑的、惊人的、感人的、很像小大人儿的话语，都值得回味与记录。那些充满趣味的对话总是能让人眼前一亮，也只有童心未泯的孩子才能说出那样的语言。当我们还在靠吃过的盐巴教育他们时，他们认真说出的只言片语，却能一边点醒我们，一边守护我们心中仅存的那一点纯粹。

便便在唱歌

胖乎乎的妹妹在哥哥眼里就是一个"吃货"。吃早餐的时候，一杯牛奶和鸡蛋面饼下肚之后，妹妹还嚷着要吃。这时，只听见"噗"的一声，妹妹放了一个屁。这下哥哥乐了："还吃还吃，都要去拉臭臭了。"哥哥一脸坏笑地摊开双手，做了一个"请"的姿势，并指向卫生间。妹妹说："哥哥，我没有吃多，也没有放臭屁，那只是便便在唱歌。"

教育伙伴说

多么有意思的一个小故事！妹妹面对一件生活中令人尴尬的事，用诙谐的语言轻松就化解了。文字对孩子的影响力是非常大的，孩子对语言的运用和转换能力是非常强的，如果让孩子平时多接触诗歌和故事，会有更多让人惊喜的句子在不经意间从孩子的口中说出！

你的眼睛里有东西

一天，女儿突然靠近我，目光炯炯，我感觉那对斗鸡眼儿越来越近，越来越近……

女儿："哎呀，妈妈，你的眼睛里有东西。"

我："啥东西？"

女儿："你的眼睛里有我呀。"

我："……孩子他爸，你过来学习一下。"

父母向孩子表达感情的方式有很多种，如亲吻、抚摸、言语等，这些都能让孩子感受到我们对他们的爱，并且他们会给我们回应。而孩子对于爱的回应，往往是最细腻、最热情又最出人意料、最震撼人心的。

作为传统的东方人，可能在成年之后，我们的情感表达会变得内敛、含蓄，因此，能保留那份待人的热情是非常难能可贵的。如果能引导好孩子如何表达爱、回应爱，那孩子的一生都将被阳光温暖、能量满满。

年纪大的

"妈妈，我们去吃火锅吧！"

"好呀！你要点哪些菜？"

"我要点那个年纪大的菜。"

"年纪大的菜？那是什么？"

"就是那个黄颜色的、一条一条的、皱皱的，好像年纪大了的菜。"

"黄颜色的……条状的……有皱纹的……是这个吗？"

"对对，就是它，很好吃的！"

"这东西叫腐竹……"

我们永远想象不出孩子的内心是一个怎样多彩奇幻的世界，只能偶尔从他们的奇思妙想中窥得一二。作为一个活力充沛的男孩子的妈妈，很多时候我都会因为他做事毛手毛脚，学习和生活习惯不好而感到焦虑，希望他能够尽快成长为一个听话懂事的"好孩子"。但也恰恰是孩子偶尔不那么着调的话语和行为，给家庭生活增添了活力，一家子人因这些"童言童语"而开怀大笑，而这种快乐不正是我们成年人在忙碌生活中汲取能量的来源吗？

孩子的童真是世界上最宝贵的财富之一，它稍纵即逝，而我们父母要做的就是保护好这份童真，让它催生出来的各种奇思妙想成为孩子未来回忆的宝藏，让它不要消逝得那么快……

小宝趣事

开学了，学校哪哪儿都好，刚上一年级的小宝喜欢得不得了。他回家告诉我："妈妈，以后我有孩子了，也让他读建青。"

第二天有体育课，他告诉我："妈妈，体育课要过西瓜节了！""西瓜节？是什么？"小宝指了指膝盖，说："这里啊！""哈哈哈，宝贝，这是膝关节，不是'西瓜节'。"

小宝说，在学校里吃了特别好吃的点心，叫"皮包米"，让我再买给他吃。可我实在不知道那是什么，只好带着小宝去了超市，看看超市里有没有同款点心。逛呀逛，小宝激动地说："快，看，皮包米！"我走近一看，天哪！我就想问问：烧卖，你知道你的别名是"皮包米"吗？

小宝穿了一条有流苏装饰的裤子上学。放学回家后，他着急坏了："妈妈，妈妈，我裤子上的扫帚丢了！"

教育伙伴说

孩子在自己不熟悉的东西上发挥的想象力，正是孩子发散性思维的体现，孩子的联想能力和想象力之丰富，让大人惊叹。孩子的想象力是如诗一般的智慧，值得大人用心聆听、俯身学习。

错别字系列

（1）和孩子一起搭乘公交车，坐在车上看到路牌，孩子激动地喊："推（淮）海西路到了！"当场就把大家笑翻了。

（2）孩子看《中国名城漫画》，经常跟我提起"矮瓜"……后来我一看，哪有什么"矮瓜"，明明是"倭瓜"嘛。

（3）孩子暑假的时候阅读《狼王梦》，总是提起"紫风"……还把故事给我讲了一遍。等我翻开书一看，明明是"紫岚"啊。

（4）这几日，孩子在读借来的《寻宝记》，问我孟美女是谁。我当时就纳闷，怎么称人家是"美女"呢……后来才恍然大悟，原来又是形近字（姜—美）读错了。

教育伙伴说

虽然孩子容易记混形近字，但家长还是要尽量放手让孩子去尝试自己阅读，让他们在不断纠错中学习汉字、理解汉字。而家长跟着孩子一起学汉字，也是一件非常有趣的事！

想你想得流口水

大宝上幼儿园时，爸爸公司总部若有日本客人过来，都会带来一些小点心，爸爸便将点心带回家，大宝超级喜欢吃。

一日，幼儿园放学，接大宝回家后，我让她自己在客厅玩玩具，就去厨房准备晚饭了。恰好这时电话铃响起，大宝放下手中的积木，飞奔过去接电话，她小时候最喜欢接电话了……

大宝："喂，你好，你找谁呀？"

电话那头传来了熟悉的声音："是我家的小接线员吗？"

大宝："爸爸，爸爸，你什么时候回家呀？我都想你了！"

爸爸哈哈大笑起来："爸爸在和总部的客人开会，可能会稍微晚一点到家，你和妈妈先吃饭，别等我。你刚才说想爸爸，有多想呀？"

爸爸又开始逗女儿了……

大宝："嗯……我想你……想你想得……都流口水啦……"

知道爸爸公司总部有客人来，爸爸一定会带小点心回家，想到这里大宝就嘴馋了，说出了如此让人捧腹大笑的话。

教育伙伴说

乍一听，孩子一本正经地讲出这么让人哭笑不得的话，大家都会觉得很搞笑，但谁说想爸爸就一定是心里想，它怎么不能是一种"条件反射"呢？爸爸听到女儿这样说，应该是非常开心的，毕竟自己的爱得到了女儿的回应。爸爸工作很忙，出差、加班、应酬是家常便饭，但无论多忙，晚饭前爸爸一定会给家里打电话，听听女儿的声音，让女儿知道爸爸时刻都在关心着她的动态。每次出差或者公司总部有客人过来时，爸爸带回家的这些小点心，成了女儿心中暖暖的幸福和牵挂，也成为爸爸与女儿之间的情感纽带。小小的点心并不贵重，但它承载的那份情感却是那么真切、浓郁、朴实，那么难能可贵。我想，女儿这句"想你想得……都流口水啦"，大概是对爸爸的爱的最好的表达吧。

大宝解围

二宝问："在我们家，爸爸一个人工作赚钱，爸爸养着妈妈、姐姐还有我，为什么妈妈比我们先长大？"

我思考了很久，不知道该怎么回答这个问题。

如果我说，我是生了姐姐和他后，出于家庭需要才不工作了，爸爸才养我的。他可能又会问："为什么我是大人了还要别人养？

　　我正踌躇着如何回答，这时大宝接过话，对弟弟说："爸爸是妈妈雇来养我们的，你没看见咱们家都是妈妈管银行卡吗？"

　　弟弟睁大眼睛，回过头看着我点了点头，一副很赞同的样子……

教育伙伴说

　　一个让我为难的话题竟然被姐姐这么轻松地解释过去了。但我想，也许只是大人对于这个问题太敏感了，孩子对于妈妈不出去工作是没有偏见的，弟弟问这个问题的本意可能是对"长大了就不需要别人养了"这样的观念的思考吧。

谁好看

　　在女儿的眼里，所有的老师都是自带光环、神圣不可侵犯的。

　　老师的话，就是"圣旨"，不管有任何艰难险阻，都要完成。

　　老师的形象，就是最美的，即使是最亲爱的妈妈，也都是比不上的。

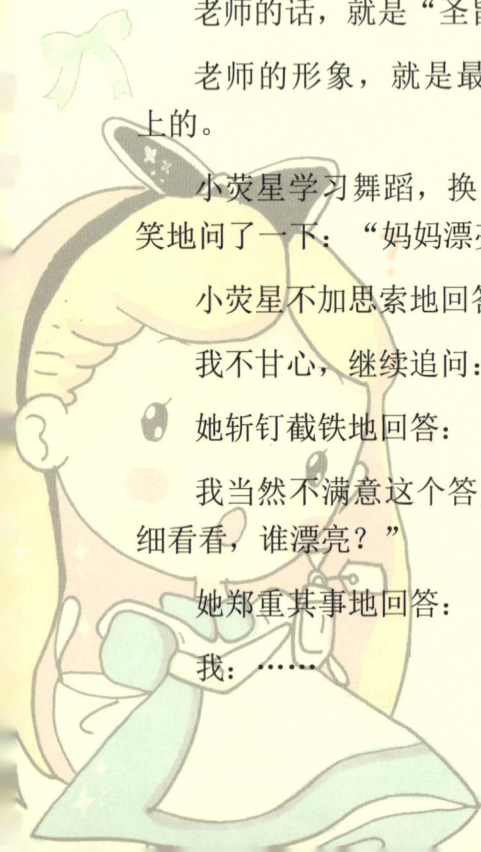

　　小荧星学习舞蹈，换了好几个老师。刚上课的时候，我只是开玩笑地问了一下："妈妈漂亮，还是×老师漂亮？"

　　小荧星不加思索地回答："老师漂亮！"

　　我不甘心，继续追问："你想想清楚，到底谁漂亮？"

　　她斩钉截铁地回答："老师漂亮！"

　　我当然不满意这个答案，指着自己最美的婚纱照，再问："你仔细看看，谁漂亮？"

　　她郑重其事地回答："真是老师漂亮！"

　　我：……

后来换了老师，我又一个个地让她比较，答案永远是老师漂亮！而且是她真心诚意的回答。

我只能安慰自己，老师的光环，永远第一！

教育伙伴说

孔子曰："其身正，不令而行；其身不正，虽令不从。"（出自《论语·子路》）孩子普遍把教师视作人生的榜样，"亲其师，信其道。"学校老师和家长多沟通、多交流，产生的正效应能够托举一个孩子，令其优秀成长。老师发现孩子的问题，及时向家长反馈；家长针对问题进行引导和教育，如果遇到困难可以向学校、老师请求帮助。

可可的故事

可可两岁时，我们总喜欢在外出散步时通过教她念街道两旁的匾牌来认字。一天，可可得意地脱口而出："上海很行！"这孩子为什么突然称赞上海呢？我们顺着她的目光定睛一看，原来是刚刚路过一家银行——上海银行，顿时我们捧腹大笑。记得我小时候也闹过类似的笑话。一天，跟我爸路过"儿童活动中心"，我缠着我爸说："我要去儿童舌动中心！"这件事被我老爸笑话了三十多年，后来每每遇到有人读错字，他就会来次"经验分享"，哈哈！

教育伙伴说

　　童年总是珍藏很多快乐,那份童真就是一种童趣,也是人生难得的珍贵记忆。有了孩子之后，我们关于童年的回忆，慢慢地随着孩子的成长而逐渐地复苏。和孩子一起成长，从春眠不觉晓到ABCD歌，从1234数数到政治和历史，从识字认字到文明礼仪，在陪伴中发现孩子的天真可爱。重温儿时的故事，我们就会发现，成人的生活不只是忙碌，更有一片如画的风景!

　　可可学习态度端正，但平日总有些粗心和马虎。一年级下学期的期中考试，她的语文和数学又因为粗心而失分。于是，我故作生气地对她说："粗心犯错，得对你有点小惩罚。"她竟答道："先存着吧，留着以后一起算。"

教育伙伴说

　　童年啊，真是无忧无虑，自然真切……孩子永远不会觉得这些问题是问题，不会认为惩罚是理所当然的，他们对待事情的轻松态度或许也是教育的突破口。教育，永远不会是一味的指责!

　　可可报考艺术团，老师特意做了推荐，最后可可却选择放弃，再三确认后我们尊重她的决定。事后，我找了个合适的机会问她为什么不报考，她看着我，非常真诚地说："我扔了一枚硬币决定的。"

教育伙伴说

　　孩子的一生会经历各种各样的情感，这些情感构成了他们丰富的内心世界。愉悦指引方向，担忧决定边界。而我们家长需要做的，是理解、接纳和引导孩子。

可可成功遗传了爸爸的音乐天赋，听一两遍流行歌曲后就能哼上几句。前几日，她在爸爸的车里听了两次网络上很火的粤语歌曲《大风吹》，回头就看见她和表哥一起边唱边跳："就让这大风催（吹），大风催（吹），鸭纸催（一直吹）……"在艺术世界里，音乐是最善于表达、激发情感的，有了音乐，孩子的情感世界将逐渐变得丰富、充实。从可可3岁开始，我们就培养她学习芭蕾、合唱和爵士舞，鼓励她尝试不同的艺术形式，愿她在音乐中不断感受旋律的美妙、生活的美好！

教育伙伴说

　　唱歌、跳舞使小女孩感到快乐，她与生俱来的乐感和节奏感在唱歌和跳舞中表现得淋漓尽致，这让她感到自信，充满成就感，家人们也从中获得生活的快乐。我们没有刻意地让她去学习声乐、乐器等，而是在听取她自己的想法后，让她在课外学习舞蹈和唱歌，她对此兴趣十足，并在唱歌、跳舞上获得一定的成绩，为此她也非常地得意。兴趣是孩子成长道路上不可缺少的要素，当这个兴趣让孩子有收获，那就支持他（她），学科类的学习固然重要，但在孩童时期，孩子的快乐更重要。

爷爷是飞行员

　　爷爷福浅，在哥哥和妹妹出生前因病去世了。妹妹因为年龄尚小，脑海里一直不曾有爷爷的概念。一日放学后，我去接她，托班的一个同学拿着爷爷给的玩具在撒娇，妹妹眼巴巴望着，有羡慕，有期许……"爸爸，我有爷爷吗?"妹妹一脸疑惑地望着我。"小美（哥哥给女儿起的小名）当然有爷爷啊！""我有爷爷，那他在哪呢？"妹妹停了下来，望着我。"你的爷爷在天上，他天天看着我们可爱的小美，保护着你……""他是飞行员，他是飞行员……"还没等我说完，她就跑向那个被爷爷牵着小手的同学："我的爷爷是飞行员……"

孩子的世界是纯洁的，孩子的天空是纯蓝的，孩子的性格率直、天真，毫无矫饰。孩子的世界中没有生死的概念，但他们会用童话、想象把一切合理化。就是这份力量，成就了童年的纯真无瑕。在教育孩子的过程中，虽然有时会鸡飞狗跳，但很多时候也充满了希望和美好。有时，一个美好的瞬间就会缓解我们一天的疲劳，为了这些可爱的精灵，就算再累，也会觉得值得……

"赵总"还是"赵肿"

周日下午，我和许久未见面的高中好友相约在孩子补习班楼下的咖啡馆叙旧。好友身材日渐"圆润"，一见面我就开玩笑地叫他"赵总"。"赵总"至今未婚，年近四十，早过了被家里催婚的年岁，过着滋润、惬意的单身生活。他工作稳定，压力不大，收入虽说不像真正的"总"那般丰厚，也足够他享受人生。

聊到酣畅的时候，同学之间开始互相翻起了"黑历史"。说到"赵总"当年每逢考试就着急上厕所，英语、数学成绩每每卡线过关的时候，貌似自顾自玩而实则全程收听了大人们聊天内容的川川也忍不住笑出了声音。

"赵总，你数学不好，那怎么能当'赵总'呀？"川川突然插话。

好友豁达一笑，摸着肥肚子说："所以我不是'赵总'，是'赵肿'呀。"

孩子问出那句话的刹那，即使和好友已经熟稔到百无禁忌，我还是觉得有些尴尬，倒不是因为孩子的直白，而是感到自己这俗气老套的价值观一下子被赤裸裸地摆在了好友面前。

　　"成绩好才能找到好工作""好工作就是当领导""有好的工作才是成功"……这些不都是我们平时有意或无意传递给孩子的所谓"成功学"理念吗？这些也曾经是我们在求学时期，上一辈传递给我们的人生观和价值观。当踏入社会，尤其在现如今资讯发达又多元的时代，我们每个人针对"什么是成功""什么是我们想要的生活"这两个问题所交出的答卷其实已经越来越偏离"标准答案"了。好友这种不疾不徐、不跟别人比较、不走传统人生路线的生活状态，很多时候不正是我们羡慕而又无法企及的吗？

　　我们清楚地知道，能够坚持做自己喜欢的事情是一种成功，能够拥有二三知心好友是一种成功，能够接受自己平凡过一生也是一种成功。但在教导孩子的时候，我们往往回到最传统的理念，希望孩子走在最不会出错的道路上，拒绝面对选择其他道路可能带来的风险。这是一种多么矛盾而又无奈的心情啊！

　　希望可以让我们的孩子知道："赵胖"也许比"赵总"更成功。

如果我能飞

　　宝："妈妈，妈妈，你觉得我长大以后会飞吗？"

　　妈："小鸟有翅膀，才能飞起来，你觉得你会长出翅膀吗？"

　　宝："这个世界上有没有人长出过翅膀？"

　　妈："我不知道，但如果你以后能发明出像翅膀一样的东西装在人身上，没准真能飞。"

　　宝："太好了，这样以后就不用妈妈开车送我上学了，我只要装上翅膀，就可以飞到学校去……"

教育伙伴说

　　因为孩子爸爸常驻外地，妈妈既要工作，又要照顾孩子，有的时候难免会有一些小情绪。这是在孩子睡前，和孩子的一段普通的亲子对话，充满想象力，本来以为她只是向往自由，没想到，日常妈妈的辛苦，她也看在眼里，也希望能做点什么来减轻妈妈的负担。听到孩子天真又懂事的想法，顿时觉得每天再忙、再累也值得，妈妈又有了坚持下去的动力。

我正好

3岁的妹妹有点胖乎乎的，在哥哥的帮助下，她开始认识一些汉字。一日晚餐后，兄妹俩的互动识字时间到了，今天哥哥准备教妹妹的字是"胖"和"瘦"——还别说，哥哥这个小老师做得有模有样，先从部首开始，然后分析字的形状，一字一顿地告诉妹妹：因为太"胖"，所以这个字可以拆分成——月和半；因为太"瘦"，所以是一种"病"，是病字旁。妹妹在哥哥的教导下认识了这两个字，通过图片掌握了这两个字的意思，还学会了这两个字的英语表达。妹妹意犹未尽，特别想表现一下，于是跑到还在吃饭的阿姨身旁，一本正经地说："阿姨，有的人胖，有的人瘦，只有我正好，不胖也不瘦。"

教育伙伴说

孩子在认字的过程中，往往能产生一些有趣的联想，这既帮助记忆，也是一种想象力的表现。和孩子一起认字，能够重新发现汉字的奥秘和趣味。

尼克在我们心里

家里养了13年的狗狗尼克因为意外永远地离开了我们。我悲痛万分，哭了整整一晚，好几天都精神不振。尼克就像我的家人一样，陪着我结婚、生子，再陪伴我的孩子长大。家里两个女儿也是从小和尼克玩到大，她们和它的感情自然不浅。对于她们来说，这是她们人生中第一次面临生离死别。而在我看来，孩子们是无法理解什么叫死亡的。特别是小女儿花花，当时她才3岁。记得她天真地问我："妈妈，尼克到哪里去了？""尼克去世了，他到了另一个更好的地方。""那他不回来了吗？""嗯，他不回来了！"说着我的眼泪情不自禁地流下来，花花见我这样，过来抱着我，像小大人一样。

之后的某天晚上，我陪花花讲完睡前故事，准备关灯的时候，花花突然趴到我身上抱着我说："妈妈，你别伤心了好吗？尼克没有离开我们，他一直在我的心里！"我的双眼瞬间湿润了，抱着她，看着眼前小小的脸蛋上认真的表情，很用力地点了点头。

教育伙伴说

　　有时孩子就像一个宝藏，我们以为他们是一张白纸，但他们会时不时地给我们一些小惊喜甚至感动。而我们呢，以为自己什么都懂，但在扮演父母这个角色里，不也是从一张白纸开始，和孩子一起成长起来的吗？

妈妈是什么公主

　　一次晚间的亲子阅读时间，正好读到白雪公主的故事，我一时兴起，问儿子："宽宽，你觉得妈妈像小公主吗？"

　　"嗯……像吧！"儿子回答的声音拖得好长，仿佛经过了慎重的思考。

　　"真的呀，你觉得妈妈像哪个公主？"我不禁追问道。

　　"妈妈我觉得你像铁扇公主！"

　　我哭笑不得，甚至有些失望，原来妈妈在儿子的心中不是美美的童话公主，而是凶蛮的铁扇公主。"妈妈难道不像迪士尼里的梅琳达或者艾莎公主吗？没想到在你心中妈妈不是那样美丽的小公主。"我不甘心地说道。

宽宽读出了我的情绪，补充说道："不，妈妈，我觉得铁扇公主很酷，她有铁扇法宝，本事又大，和妈妈更像啊！"

"下雨天我怕打雷，还有遇到毛毛虫的时候，都有妈妈在，妈妈是最勇敢的铁扇公主。铁扇公主也是公主啊。"宽宽一番话让我忍俊不禁，也生出很多感慨。

教育伙伴说

听到宽宽的回答，其实我是有一些惭愧。虽然我是在职场打拼多年的职业女性，在工作环境中积极倡导女性独立和平等，但在和儿子的交谈过程中，我还是非常想当然地把女性与"公主""美丽""天真""需要保护"等联系在一起。而在小孩子的眼中，公主不是单一、世俗的刻板形象，在他们的世界里，温柔可人、和王子幸福美满地生活在一起的是公主，本领高强、能够独立"打怪"的也是公主。妈妈在生活中展现出来的独当一面的能力，以及平时不经意间流露出的对工作的热爱，统统都被孩子看在眼里。宝贝，妈妈很高兴可以成为你心目中不一样的铁扇公主，同时希望你在成长的路上，能和爸爸妈妈一样自信、勇敢，不断"升级打怪"。

造一艘宇宙飞船

小朋友最近迷上了宇宙，因为学到了一些有关宇宙的变迁、地球消亡的知识，经常找我问东问西。

一次，他问我："爸爸，你知道吗？太阳会死的，会变成一颗红巨星，连地球都会被毁灭，那么地球上的人类也会死吗？"

我告诉他："那时候地球不存在了，那么地球上所有的生命都会消失，包括我们人类。""那是很久以后的事情了，等你长大以后也绝对不会发生。"我补充道。

他想了想，对我说："爸爸，你不要怕。我会好好学习，如果真的有一天发生了大爆炸，我会造一艘宇宙飞船，带着你和妈妈去别的星球生活。"

教育伙伴说

孩子的好奇心是他们探索这个世界的最初驱动力，好奇心的驱使会让孩子产生许许多多的奇思妙想。而这些奇思妙想，往往令成人都惊叹不已。随着孩子慢慢长大，他们的好奇心会慢慢消失，但他们对父母的爱却不会消失，成年后的孩子会把小时候对父母的小爱，转化为对人类、对地球家园的大爱，而正是这些源于血脉的爱，让孩子将小时候的奇思妙想——实现。爱是人类社会进步的第一推动力，让我们的孩子在认识世界的最初阶段，感受到爱，学会爱，并将这些爱不断地传递下去。

我想发明一个捕梦网

去年，儿子的外公不幸去世，刚上一年级的儿子知道了家庭的变故，看见他的外婆和妈妈痛不欲生，成天郁郁寡欢。儿子经常天真地问："外公去哪儿了？他还会回来吗？他是不是死了？人死了是变成泥土了吗……"

有一天，电视里正在播放一个演讲节目，演讲者讲述失去亲人的痛苦，诉说对亲人的思念。儿子在旁边拼着乐高积木，没想到孩子竟然将演讲内容全部听进去了。演讲者结束了她的演讲后，儿子突然说出以下令人感触至深的话：

"我想发明一个捕梦网，捕梦网可以把好的梦留在捕梦网上，而坏的梦在第二天早上会消失，消失之后，你就不会再感到恐惧和悲伤。"

"妈妈，我希望你和外婆开开心心的，有了捕梦网，你们就可以抓住快乐，放掉痛苦。"

　　我赶忙把这段话记录了下来。在孩子的想象里，美梦像只蝴蝶，用捕梦网捉住它，留下它的美好，而噩梦就让它随着第二天升起的太阳消散，不在心中留下痕迹，被其所伤。

　　这很像《海的女儿》里，在王子婚礼的第二天，美人鱼便化成泡沫，随着太阳升起，慢慢消失。又颇似《庄子·内篇·应帝王》所载："至人之用心若镜，不将不迎，应而不藏，故能胜物而不伤。"

教育伙伴说

　　当亲人离去的时候，我们沉浸在悲伤之中无法自拔，仿佛迷失在黑暗里找不到出路，夜晚来临时更是忧伤，常会在睡梦中哭泣。孩子一直在身边陪伴着我们，难过时抱抱他们，便会感到莫大的慰藉。大人原以为6岁的孩子对于亲人离世不会有太多感觉，对于身边人的痛苦不会有太多感知，也不会关心大人的世界，因为他们太小，还不懂事。但是恰恰相反，孩子远比大人更敏感、细腻，每天发生的一点一滴都深深地印在幼小的心灵上，孩子也在观察、思考、感悟、成长。听完孩子有关"捕梦网"的话，我不仅心生慰藉，还有点豁然开朗。是啊，生活中我们无法避免生老病死，但应该始终坚信美好，珍惜现在。亲人已离世，留下的人更应该好好活下去，守护我们爱的人，驱散恐惧和悲伤，迎接每一天升起的太阳！谢谢你，我的孩子，你让我强大、勇敢，对明天充满希望！

品读童年

　　春天的雨，夏天的风，秋天的叶，冬天的雪，这些都是成人习以为常的风景。可是，孩子的童言童语常常能将成人眼中平淡无奇的事物变得非比寻常，让它们焕发新生，注入不一样的美感。可见，童言童语见智慧，童言童语见童心。童心者，心之初也。呵护童心，从学会倾听开始。家长们，请试着多去倾听孩子们最真实的声音，聆听童言童语，感受赤子之心，感悟儿童智慧。让我们一起学习做童心的忠实呵护者，让每一颗童心都能在爱的海洋中自由徜徉。

追逐阳光的女孩

● 导　语 ●

大人眼中的"无知"，孩子世界里的"无限"。

"妈妈，你一生气就看不到我的进步了，人要保持快乐的心情才能看到美好的事情。"

丑也是一种美

小宝上小学一年级了，对于她来说一切都是那么新鲜，新老师、新同学、新教室，当然也包括一切新知识。小宝很快就适应了小学生活，老师、同学都是那么可爱，数学、语文课似乎也能应对，况且窗外就是幼儿园的操场，上课走神儿时瞄一瞄以前的幼儿园老师带领小朋友玩游戏也不失为一种乐趣。最初的两个月就这样风平浪静地过去了。有一天，小宝的老师和我联系，向我转述了一段她们师生之间的对话，听了之后我不禁莞尔。老师说："每次批改你的备忘录都会吓我一跳，你的字太丑了，真是鬼画符！"小宝说："丑也是一种美，再说万圣节快到了，吓一吓人也是很欢乐的。"老师说："如果今天是万圣节，你故意写得丑、吓人不要紧，可你不能让我天天过万圣节啊！"

教育伙伴说

师生的这段对话充满了童趣。老师并没有用严肃的语气来批评小宝字写得不好看，而是顺着孩子的思维和视角指出问题并希望她改正，小宝也在这种轻松的氛围中袒露自己的想法。因为秉持不超前教育的理念，所以我没有让小宝在入学前写过字，只是在日常生活中，顺势引导她认识了一些生活中的常见字。她写在备忘录上的字歪歪扭扭，每个字都像是火柴棍搭在一起，但每次看到她的字总是让我想起一种字体——稚书，也称为"孩儿体"书法，展现出一种"生拙""率真"的"自然天趣"之美。难得的是，孩子无师自通地从她歪七扭八的字中发现了这种美，她也许没有把这当作字，而是当作了一件艺术品，她成功地把老师写在黑板上的字用自己的方式呈现在了备忘录上，虽然有些变形，但是神还在，因此老师还能猜出来。生活中的美确实是多种多样的，我告诉小宝，随着年龄的增长，她的小手会越来越有力，就能更好地控制笔，就会发现我们汉字的美。孩子，你能看到初学写字的童稚之美，也要刻苦临帖体会行楷之美，甚至以后还会体验即兴挥毫的畅快。孩子，愿你永远保持感知美的能力，愿你在生活中随时随地发现美！

伙伴

家里养了几只陆生寄居蟹，孩子对它们极感兴趣，经常兴致盎然地看着它们从壳里探出脑袋，不一会儿再缩进去，乐此不疲。可寄居蟹喜欢温暖、湿润的环境，上海的冬天实在太冷了，一只寄居蟹终究没有扛过去，被冻死了。孩子看着一动不动的寄居蟹，"哇"的一声哭了出来，过了好久才停下来。然后，我陪着他把寄居蟹埋在了小区里的花丛下。看着他难过的样子，我问他："世界上有很多的寄居蟹，如果是别的寄居蟹死了，你也会这么伤心吗？"小家伙想了想，说："不会！"我问："为什么呢？"他说："因为这只寄居蟹是我的朋友，日日夜夜陪着我们！而它们不是！"

教育伙伴说

我家小朋友由于性格原因，不太会与人相处，从而缺少固定的玩伴，为此家里养了猫、寄居蟹等宠物，充当他的玩伴。虽然它们都是无法直接交流的伙伴，但慢慢地小朋友和它们建立了情感。《小王子》里说，世界上有千千万万朵玫瑰花，它们长得都一样，但如果你对其中一朵特别用心，用心地去浇水、捉虫和施肥，那么这朵玫瑰花就将变成独一无二的玫瑰花。因为这朵玫瑰花里倾注了你的爱，对你而言，它将不再是一朵普通的玫瑰花，而是与你有亲密关系的玫瑰花。孩子无法表达这样的观点，但他用最单纯的情感告诉了我们，爱是施与，而不是索取，只有付出爱才会让一段关系独一无二，从而成为世界上弥足珍贵的东西。

劳动致富

女儿爱画画，同时对昆虫很感兴趣，收集了许多昆虫标本，连画的画也是以各种昆虫为主角。劳动节那天，她创作了这幅画，她说："蚂蚁虽然没有翅膀，不会飞，但是它们并不自卑，它们很勤劳，靠自己一点一滴的努力去获得劳动果实。"

教育伙伴说

在生活中，我们充分尊重孩子的兴趣。孩子在自己感兴趣的世界中，通过自己的观察，他们会领悟许多道理，这比家长通过说教让孩子获得的体会更深刻。

追逐阳光的女孩

一天早上，我正在开例会，突然接到我爱人的电话。她略显焦急地告诉我，把女儿送到学校以后，老师打来电话问今天女儿为什么没有来上课，而这已不是第一次发生这种情况了。打完电话，老师马上发动同学们找她，最后在操场的一个角落里找到了她，并发来一张女儿在操场上沐浴着阳光打坐的照片。此刻的女儿正微闭着双目，手指捏作一朵莲花，盘着双腿，正襟危坐，阳光洒在她稚嫩的脸庞上，身旁放着她的粉色书包，一切都是那么的和谐，又那么的不和谐。据说，此时她已经打坐一刻钟以上了。回到家中，我问她为什么不去上课，她回答："好几天都是阴天，好不容易出太阳了，不能辜负这么好的阳光。"说话的时候，她仿佛在阳光下手舞足蹈，眼睛微闭，陶醉在"我想在阳光下跳舞"的幻想中。

教育伙伴说

孩子的"调皮"和"不守规矩"在入学以前我和我的爱人略有预感，但是她对"自由"向往之心如此坚定，却是我们万万没有想到的。

我和爱人可能都有点特立独行的气质，我们虽然望女成凤，把成绩作为唯一标准，但我们对于成绩没有特别高的要求。我和爱人多次讨论过孩子的教育问题，如要不要引导她读书，要不要让她去上兴趣班，要不要报幼小衔接，等等。最后我们达成共识选择了顺其自然，让她自己去选择做与不做。最后的结果就是，女儿入学以后各项应试类的功课阶段性地落后于其他同学。我不清楚我们的教育理念和女儿目前的表现，是否有必然的联系。虽然女儿的学习成绩一般，但我们的关系非常亲密，孩子也很自信。我认为这和我们对她的长期陪伴有着必然的关系，尤其与爱人在日夜陪伴过程中所付出的艰辛息息相关。至于成绩，还不是现阶段我们最关心的问题，我们希望她虽然输在起点但能赢在终点。

顺其自然地去培养，在孩子童年的时候，让她做"一个像孩子的孩子"，这是我们对于她在儿童时期的教育理念。成年以后，我们只希望她成为一个充实、幸福的人，一个有益于社会的人就可以了。在我的认知里，有知识不等于有文化，过去"天之骄子"的社会标准也未必符合未来的社会要求。

人是由什么构成的

一天晚上，我和孩子聊天，她突然问了我一个问题："爸爸，你知道人是由什么构成的吗？"

我一下子被问住了，开始思考应该如何回答她这个问题，想着是从人体器官构成的角度还是从人的种族、性别的角度回答她。正在我思考的工夫，她略带兴奋地直接告诉我："你和我一样，我们都是由碳、氢、氧、磷、氮等元素构成的。"

讲真的，这句话有点"雷"到我了。她从化学的角度很好地回答了这个问题。可是她为什么会从这个角度来回答这个问题呢？她这个回答是要解决什么问题呢？

"你为什么会认为人是由元素构成的呢？"我试探性地延伸了她原来的问题。

她说，有一次妈妈告诉她，妈妈的姥姥是妈妈最爱的长辈，可是因为当时妈妈在国外读书，未能参加姥姥的葬礼，也未能送姥姥最后一程，妈妈感到非常的遗憾。

为了弥补妈妈心中的遗憾，她告诉妈妈，妈妈的姥姥只是变成了元素，重新回归到了大自然，也许我们吃的食物里就有姥姥身体里的元素，我们已经你中有我，我中有你了，所以不必悲伤遗憾。同时，她还有一个想法，也许她自己就是妈妈的姥姥的化身，重新来到人世间，让妈妈以照顾她的方式来报答姥姥的恩情。至此，我大概知道她不只是在探寻人是由什么构成的问题，同时也在照顾妈妈的情绪。

教育伙伴说

　　孩子的成长有着独特的自然属性，也许我们从来都不知道他们在想什么，他们的关注点在哪里。他们的思维模式，也许我们成年人根本无法理解。我们穷极一生去探究的问题，也许在童年就有了答案。

不关注自己不喜欢的人和事

　　期末考试成绩出来了，迷你包神采奕奕，既神秘又兴奋地跑过来说："妈妈，你知道吗？豆豆这次数学考得可好了！"

　　我："哇！你的小伙伴真棒！你考得怎么样呀？是不是一起进步了？"我赶紧追问道，期待他能把"真正的好消息"带给我。

　　迷你包依然不改兴奋的语气说："我考得不太好啦！豆豆考得很好的，所以我好开心。"

　　我："可是豆豆的成功不是你的成功啊！你是不是应该好好反思一下自己有哪些地方要向豆豆学习？"

　　迷你包："可是好朋友的快乐是要分享的啊！我最想要做的就是分享他的这份快乐！"

　　我："宝贝，你为朋友的快乐而快乐，很不错！别的小朋友也都考得不错吗？"我还是不死心，继续追问他。

迷你包："妈妈，我不关注自己不喜欢的人，我的精力只会用在自己喜欢的人和事上。"

天啦，现在的孩子都活得这么通透了吗？我真是惊讶于孩子的处世智慧——面对自己不喜欢的人和事，根本不关注、不在乎。

豆豆是迷你包最要好的小伙伴，其实迷你包这次考得不太理想，但他还是由衷地为好朋友感到开心，这份纯粹让我暗暗叹服。

教育伙伴说

在成人的世界里，我们经常为了生计或者某种目的，不得不把时间和精力花在许多不熟悉的人或者不重要的事情上面，从而让自己心力交瘁。转头想想，这些不交心的人、不紧要的事，真的值得我们花费那么多时间和精力吗？迷你包还是个小学生，但是他却能分清对他来说，谁是重要的人，哪些是重要的事。因为孩子的心是清澈的、单纯的，他们没有成人的功利心、得失欲，他们想问题是从最本心的角度出发，那些不相关的人和事，他们是不会去考虑的。孩子的自得其乐让我羡慕，从某种角度来说，很多时候是我们想得太多，想维系好与他人的人际关系，想得到他人的青睐，于是把自己的宝贵时间分出来应对这些并不重要的人和事。如果我们能想得更简单一点，会不会活得更自在一点呢？

纪念日

女儿在奶奶家闲来无事，便写起毛笔字来。回到家中，她笑嘻嘻地对我说："妈妈，我写了一个故事，你看看哦！"

她是这样写的——

今天，一个美好的日子，是爸爸妈妈结婚十年的纪念日。我和妹妹高兴地去参加典礼。可我们俩看到了一幅出乎意料的画面，他们两位正你一言我一语地吵架呢，而且吵得不可开交。我和妹妹感到奇怪，心想：咦？这么好的日子为什么又弄得不开心了呢？原来，妈妈觉得爸爸在这么重要的日子没有任何表示，太不在意她了。哎，爸爸妈妈怎么能破坏一场典礼呢？我无奈地说："希望以后你们不要再吵架了！"

我合上这张纸，略显尴尬地对女儿说："我和爸爸的结婚纪念日并没有举行典礼，你为什么要写典礼呢？"女儿说："因为我觉得应该有，这是非常重要的日子，既然重要就应该举行盛大的典礼去纪念。""那么，如果是你的纪念日，你会跟人吵架吗？"我微笑地看着女儿，又问她。女儿笑眯眯地低着头说："我不会。因为这是节日，节日就要开开心心地过。"听完女儿的话，看着她稚嫩而认真的模样，我若有所思地点了点头。

教育伙伴说

自从有了孩子，我经常想，她们的幸福就是眼前的满足：吃到巧克力了，明天去游乐场，后天放假，爸爸妈妈答应她们玩iPad了……她们都会立马手舞足蹈，脸上洋溢着满满的幸福。她们不会去追求虚无缥缈的东西，她们之所以期待生日、六一、圣诞、新年……是因为这些节日可以让她们的小小心愿得到充分的满足。如今，她们的世界出现了很重要的一个词："纪念"。孩子不光想用颇具仪式感的盛大典礼去纪念，还会用自己最美好的心情去给予这个纪念日最大的敬意。而即将步入中年的我，似乎早已疲于各种纪念日、节日的庆祝，就算庆祝也只是流于形式，吃一顿丰盛的大餐或举办一场华丽的派对，缺乏内心的纯粹去体验这份美好的记忆。

我们大人在每天的匆匆忙忙之中迷失了方向，忘记了初心，马不停蹄地去追求外在的绚丽，却失去了生命中最纯粹而又最美好的东西。

谢谢你，孩子！妈妈以后会用心过好每一个纪念日、每一个节日。

披着小恶魔外衣的天使

有一个好动的男娃，有的时候真是让我感到头疼！作为新手妈妈，在川川上小学之前，几乎每次开车出远门，我都会安排上外婆或者爸爸坐在后排安全座椅旁边照看川川。川川刚上小学没多久的一个周末，我们约了医生复诊，碰巧家里其他人都没法陪着一块去，这就有了我第一次一个人开车载小家伙出门的"特别"经历。

川川上车后我将安全座椅的安全带扣牢，并对他一顿叮咛嘱咐，川川也莫名有些兴奋，不断点头，保证在路上绝不乱动。但我依然怀着忐忑的心情发动汽车，朝医院开去。

周末的延安路高架依旧堵得让人窝火，我渐渐有些烦躁，独自开车载孩子的紧张、不安都被堵没了，向来有轻度"路怒症"的我开始猛踩油门、刹车。眼看前面的车爬得越来越慢，我一个油门变道，插到了它的前面。正要吐口气纾解郁闷之情的时候，后座悠悠地飘来一句话："妈妈的头上又冒火了。"听到这句话，我竟一时语塞，感慨于川川看似好动的性格下藏着一颗敏锐的心。这句话像一个巨大的灭火器，一下子扑灭了"路怒症"女司机心里的那股无名之火。

我长舒了一口气，轻轻地对儿子说："是啊，妈妈总是太急了，对于这种事情，你有什么好办法吗？"

"堵车我们没办法决定，坏情绪妈妈却是可以控制的。妈妈，你的坏情绪也会传染给我的。所以，妈妈要控制自己的情绪，不要着急！"我从后视镜看着川川一脸认真、慢条斯理，且十分平静的样子。

亲爱的宝贝，谢谢你为妈妈上了一课！

　　自从孩子出生起，我们的心情就随着他们的喜怒哀乐而起伏，尤其是作为一个小月龄男孩子的妈妈，一不留神就会因为他"上房揭瓦"而恨不得时光倒流，让自己回到他出生之前的逍遥日子。大部分时候，"小恶魔"都在不断挑战我们的爱心和耐心，同时我们还要面对大城市快节奏生活的压力和挑战，于是情绪管理成为我们每个人都要学习的必修课。在忙碌的生活中，"小恶魔"偶尔褪下"恶魔"的外衣，用他们的单纯美好点亮生活的某个时刻，也给疲惫的成年人充个电。有人说："你永远不知道你的孩子有多爱你。"作为父母，我们在孩子身上并不只是"付出"，同样也"收获"了生活中的一方净土。

做个有爱的人

　　父母总是希望自己的孩子长大后比其他人更成功、更出色，但成功和出色的标准是什么？每个家庭对此的定义都不一样。在我眼里，培养有"爱"的孩子，让他做个幸福的人，才是家庭教育最大的成功。可能有人会觉得"爱"这个字太假大空，其实不然，没有什么东西比"爱"更真实和有价值。

　　有次我带女儿去银行办事，在我们前面有一位男士对柜员的态度非常不好，说了很多难听的话。

　　周围听到的人都觉得很气愤，这样小题大做地对别人泄愤，负面影响太大了。为了尽量不让女儿受这种恶意满满的氛围的影响，我用其他话题吸引她的注意，以减少她对那个人的关注。

　　没想到她悄悄对我说："那个人一定过得非常不好，他不幸福才会说出这么难听的话。"

教育伙伴说

女儿朴素的话语内涵无比深刻，给我上了一课。在她眼里，首先看到的不是对方粗鲁的行为，而是内心的缺失，觉得他缺爱。在那一刻，她已经包容了他的行为，甚至产生了同情心。

家庭教育和成长环境会潜移默化地影响孩子的价值观，父母总是希望自己的孩子长大后比其他人更成功、更出色，但关于成功和出色的标准每个家庭都不一样。在我眼里，培养有"爱"的孩子，让孩子做个幸福的人，才是家庭教育最大的成功。

好人？坏人？

女儿有套《三国演义》连环画，时不时会翻一翻。有一天，她突然问我："曹操是坏人吗？"

我虽没细细品读《三国演义》，但好歹对此书大致的脉络还是清晰的，于是跟女儿说："曹操这个人很复杂，不能单纯地评说他是好是坏。他做过挟天子以令诸侯、屠杀百姓以及残害良臣名将等不好的事，但他也确实是乱世中的一代枭雄，统一了当时中国的北方地区，奠定了三国鼎立的局面，并为后世西晋国家的统一打下了基础。"

当时只有6岁多的女儿一脸疑惑，显然没听懂，仍旧问我："那他到底是好人还是坏人？"

小孩子的世界可能真的是非黑即白，但我不想武断地将是非善恶的概念灌输给她。我想了想，对她说："好人、坏人的说法太绝对了。他做过好事，也做过坏事，可能对一些人来说他很坏，但在另一些人眼里他很好，这个需要你读更多的书，然后自己去判断。"曹操一生的功过是非，一言蔽之确实不妥当。

"那我们是好人还是坏人？好人做了坏事就变成坏人了吗？"她不解地问我。

　　我看着女儿心想：人生还真是无处不哲学啊，你有这么深奥的思想你自己知道吗？想到这里不禁莞尔。

　　我笑着问她："你说你是好人还是坏人？"

　　"我是好人呀！这还用说？"

　　"为什么呢？"

　　"因为我做好事呀！"

　　"做什么好事呢？"

　　"就是帮助别人，对别人好。"

　　"那你有没有做过小小的坏事呢？比如撒个小谎？"我眯着眼睛看着她。

　　她很诚实地点了点头。

　　我接着问："那你因为做这点小小的坏事就变成坏人了吗？"

　　"当然没有！"女儿很笃定。

　　"你看，你知道什么是好事，什么是坏事，而且能主动选择做好事，不去做坏事，所以总体来说你是一个好人。但一个人无法保证一辈子都不做坏事，而他是否因为做了坏事就变成一个坏人，需要人们自己去判断，不能轻易下定论。"说到这里我便打住了，虽然不清楚她听懂了多少，但思辨的种子应该已在她心里种下了，更深的思考就待以后她自己慢慢解锁吧！

　　教育伙伴说

　　从古至今，哲学家都乐此不疲地对好与坏、善与恶进行探讨。孩子作为天生的哲学家，必然也会对其产生探究的欲望。现在孩子们看的动画片中往往把正义与邪恶的对立渲染得非常强烈，这固然无可厚非，但我总希望自己孩子眼中的世界不是非黑即白。就如历史上的很多人物和事件，都无法简单地用好或坏概括一样。孩子在成长的路上总会面临一些复杂的状况，但如果他们能站在更高的位置去处理问题，世界自然就天宽地广。

你笑起来真好看

晚上辅导儿子学习时，为他讲解一道关于求面积的应用题，怎么讲解他的脑袋也转不过弯来。一开始我还能控制音量，尽量保持平静的语气，几个回合后终于控制不住地对着他吼了起来。孩子非常委屈地流下了眼泪，无辜地看着我说："妈妈，你生气发火我还是不会啊！""我都讲了几遍了，你怎么就不理解呢？开学上四年级了，怎么一点进步都没有！"我气急败坏地开始数落起他来。"这一张试卷就这一道题我不会，之前我还不会算两位数乘法呢，现在也会了，我已经进步很多了。妈妈，你一生气就看不到我的进步了，人要保持快乐的心情才能看到美好的事情。"孩子振振有词地争辩。

听完我内心有些惭愧，内疚地对孩子说："你说的有道理，妈妈不应该着急吼你，应该看到你的进步，给你时间来理解这道题，你愿意原谅妈妈吗？""我不会生你的气的，如果我生你的气，我就会觉得你不漂亮了。"孩子一本正经地说道。我一下子被逗笑了。"妈妈，你笑起来真好看！"孩子对我说。我想这就是世界上最动听的语言，当上天将孩子赐予我们之时，幸运与孩子同时降临。

教育伙伴说

当孩子对妈妈说："妈妈，你笑起来真好看！"这大概就是世界上最动听的语言了，妈妈的笑脸是孩子温暖、踏实的港湾，给予孩子无限的勇气。在繁杂、琐碎的生活中，我们的笑脸常常被抱怨代替，一切都是匆忙的状态，急匆匆地赶路，急吼吼地催孩子，反倒是孩子的纯粹，让我们感受到慢一点才能看到更美的风景，笑起来世界就是最美的样子。教育孩子的过程也是爸爸妈妈自我修行的过程，接受孩子的普通，用心陪着他们慢慢成长，静静地等待他们绽放。当上天将孩子赐予我们之时，幸运与孩子同时降临到了我们身边。

乌托邦

一个偶然的机会，我带着孩子去看了一部纪录短片，名叫《何大的乌托邦》。纪录片讲述的是一位业余艺术家何大，参加了一个名叫"戈壁天堂"的中国版火人节的活动。这个活动因为是第一次举办，有各种各样的问题，大家曾一度以为活动办不下去了，但最终在各方的努力下，活动结果最大限度地接近了举办者的初心。而何大的心愿，也从最开始"努力想要把艺术带进生活"，转向了"努力寻找自己的人生方向"。

看完纪录片，回家的途中，母女俩有了下面的一段对话。

宝："妈妈，什么是乌托邦？"

我："乌托邦就是美好的意思，像世外桃源一样。"

宝："妈妈，这个世界真的存在乌托邦吗？"

我："有的人认为乌托邦是不可能存在的，也有的人心中坚信有乌托邦，就像今天我们看的那部纪录片的主角一样，他说他要去戈壁参加一个艺术活动，需要众筹资金，于是很多未曾谋面的网友默默地支持他，助他一臂之力。他的营员之前仅在网上有过交流，这次也是自发组织在一起，各自分工，有序劳动，最终完成一件艺术作品……他们在戈壁生活了5天，自给自足，坚持不用一次性碗筷，坚持不吃盒饭，坚持不浪费一点粮食，干干净净地来，干干净净地走，保护了沙漠的自然环境……这在他看来就是很乌托邦式的事情。"

教育伙伴说

　　跟孩子探讨"乌托邦"这个话题好像有点难，但又觉得很有意义，这不是简单地讨论一道数学题、一篇阅读理解，而是一次心灵上的对话。这是一个物质的时代，快节奏的生活状态让成人都容易迷失自我，何况孩子？想让孩子的童年维持简单快乐并不容易。简单快乐取决于对待生命的态度，每个人心中都有一个乌托邦，让孩子认识世界的真善美，回归自然，才能拥有完整的自我人格。

我们每个人都是艺术家

　　妈妈："暑假要参加'晒墨宝'书法大赛！"

　　儿子："嗯嗯，我知道的。"

　　妈妈："那要抓紧时间练习，多临临帖，学习大书法家们的用笔，感受他们的艺术魅力，争取入围啊！"

　　儿子："我是没有压力的，重在参与呀。"

　　妈妈："当然，但是我们还是要定一个小目标吧？"

　　儿子："妈妈，难道只有获奖的作品才是艺术品，获奖的人才可以称为艺术家吗？可是我觉得蛋糕店里做出来的美味可口的蛋糕也是艺术品啊！超市门口缝补衣服的阿姨也是艺术家啊！"

教育伙伴说

　　原来在孩子的眼里，有那么多美好的事物和值得发现的"艺术品"。而我们，因为同样一条路，走得愈多，愈觉得短；同样一种技巧，练得愈熟，愈觉得容易；同样一个人，交往得愈多，愈觉得平凡。而正是这些习以为常让我们失去了发现美好的眼睛。是啊！厨师在方寸的盘子间把菜肴摆成美丽的图案，他们就是"烹饪的艺术家"；清洁工默默无闻地工作，他们被称为城市的"清洁艺术家"；四通八达的交通网络和便捷的交通工具正是城市规划师创作出的"艺术品"。艺术品不只在展览馆中，还在我们身边！

想到这些，我突然明白，儿子学习书法，是在洁白的纸上，抒发自己的情感和对生活的领悟。无论是大气磅礴的楷书，还是豪迈奔放的行书，抑或是飘逸空灵的草书……其实都是一种艺术。也许在不久的将来，他可以自如地通过自己的作品表达他的心情、感受、个性等，这就是他在创作主观精神艺术，而并非唯成绩论英雄的艺术。

孩子在不知不觉中向我们展示了生命中最初和最美好的一面，而我们要做的，就是把自己的主观想法放在一边，静静地陪着他们……早晚会结果的！

孩子的小心思——关于生死

亲戚家养了12年的狗去世了。正巧女儿最近一直缠着我要养狗，我想着若要养宠物，迟早会面临宠物的死亡，便把这件事告诉了她。

女儿听完之后，问我："狗狗可以活多少年？"

"一般是10到15年。"我回答。

她不甘心，问道："所有的狗都是这样吗？有没有活得比较久的狗？"

我说："也有活到20多岁的，但是是极少数。"

她沉默了半晌，又问："一定会死吗？"

"会的，"我硬心肠地说，"哪怕是机器狗，它的零件也可能会坏掉。"

我见女儿听完垂了头，半天不吱声，便问她："那你还要养狗吗？"

她似乎下定了决心，抬头对我说："要养。"

"那狗狗去世你会伤心吗？"

"会，但还是想养。"

"为什么呢？"

她似乎说不出所以然来，最终憋出一句："十几年也足够了。"

这场谈话过去没多久，有天送女儿上学，她在上学路上突然问我："妈妈，这个世界上的万事万物都是会死的吗？"

我心想：难道最近女儿一直在思索生死问题吗？便回答她："没错，万事万物，人类、动物、植物、山川河流、日月星辰，甚至是时间、宇宙，有一天都可能会走到尽头，也就是死亡或消亡。"

她的情绪有些许起伏，说："可是我希望所有的一切都能永远活着。"

我尽量放缓语气，说："虽然妈妈也很希望万事万物能永远活着，但这是不可能的。你还记得《狮子王》里辛巴的爸爸木法沙对辛巴说的话吗？狮子死后会变成草，草被羚羊吃掉，而羚羊死后又被狮子吃掉。这是生命的循环，其中不可避免地伴随着死亡。如果一切都永远活着，那么现有的生命循环将不复存在，世界也不会是现在这个样子了。"

"我记得。看到辛巴的爸爸死了，我就很想哭。"她眼圈有些泛红。

"妈妈也是。"

"妈妈，这几天晚上我都睡不着，我怕你和爸爸死掉。"女儿的哭腔已经藏不住了。

我攥紧了她的手，说："告诉你一件事吧，妈妈小时候和你一样，有段时间一想到死亡这件事就难过，很多次因为做梦梦到亲人去世而哭醒，甚至还因为担心地球有一天会毁灭而害怕得睡不着觉。"

"那你现在还害怕吗？"女儿问。

　　"害怕啊。人本就应对死亡心存敬畏。不过，妈妈已经不会因为惧怕死亡而忽略当下的生活，也不会因为还未发生的事情而伤心难过。"我想起了十几年前上的哲学课，接着说，"人从出生那一刻起就注定了有一天会面对死亡。正因为知道死亡不可避免，才会更加努力地过好活着的每一天。所谓'向死而生'，正因为死亡的反衬，我们的生命才显得尤为可贵，不是吗？"我一边绞尽脑汁地向她解释，一边为能够与女儿探讨生死这一命题而暗自感慨。

　　见女儿似懂非懂，我接着说："这就好比我们去游乐场，如果我告诉你，可以无限制地永远玩下去，你在所有的项目都玩了无数遍之后，还会觉得游乐场有趣吗？"

　　"可能不会吧。"

　　"但我们每次去游乐场，都会有一个离场的时间限制，那你是不是就会格外珍惜离场前的时间，尽可能体验更多的游乐项目？"

　　"是的。"女儿的思绪似乎已经飘到了旋转木马上。

　　"其实生命也是如此。如果人人都可以永生不死，有取之不尽的时间，那这种'生'还值得被珍惜吗？"

　　"不值得……"女儿犹豫地回答。

　　"但如果给生命加上一个期限，那么现在拥有生命的时间是不是就显得特别宝贵？人们就会想在有限的生命里，做更多有意义的事情。"我继续引导她。

　　她想了一会儿，略艰难地点了点头。眼看快走到校门口，我瞄了眼她的表情，似乎已恢复如常，正想再对她叮嘱点什么，只听见她说："妈妈，等放假我们去迪士尼吧！"

　　我失笑，小孩子的注意力还真是容易转移。看着她一如往常地招呼着同学走进校门，还不忘回首与我打个招呼，我心里轻松了许多。

教育伙伴说

相信每个家长在孩子成长过程中都与孩子讨论过生与死的命题，这也是一个比较难以用平常心与孩子进行客观探讨的话题。在与女儿谈这个命题时，我考虑到她这个年龄阶段的接受能力，尝试以就事论事、有问必答、不回避也不过多展开的方式，同时借鉴了曾经在大学课堂上了解到的海德格尔存在主义哲学"向死而生"的生死理念，直面"死"这一话题，并以"死"来反衬"生"的重要性，试图让孩子体悟生命的宝贵，并消解她对死亡的恐惧。

当然，我与女儿的探讨偏于理性，这也是我与她共同成长的方式使然。很多家长可能会以一种更富有浪漫主义色彩的方式来阐释这一命题。无论是以何种方式，我认为最重要的是，在孩子成长过程中关注他们萌发的小想法、小心思，施以足够多的重视，接受并正视孩子的情绪，引导他们把内心深处的真实想法表达出来，并给予认真的反馈。

尽管每个家庭的教育方式与理念都不尽相同，但相信家长致力于让孩子身心健康成长的初衷都是一致的。对于孩子提出的问题，答案尽管千差万别，但只要家长与孩子形成良好的互动与沟通，对孩子的成长就是大有裨益的。

品读童年

鲁迅先生说过，孩子是可以敬服的，他常常想到星月以上的境界，想到地面下的情形，想到花卉的用处，想到昆虫的言语；他想飞上天空，他想潜入蚁穴……每一个儿童都是一个具有生命力的独特个体，对于生活、世界，他们有着自己独特的理解，而不是我们大人仅凭自己的经验推断出的"不理解"，他们会用自己的方式去建构自己的知识系统，形成自己的生活艺术和人生哲学。我们应该多与孩子交流、对话，理解孩子，就会发现他们那儿有很多值得我们学习的内容。请相信，我们的孩子，其实是个小小哲学家呢！

下辈子还要做你的宝贝

导　语

关于爱的艺术，孩子天生是大师。

"如果搬家了，等你死后变成星星就找不到我，我也找不到你了。但是下辈子我还是希望找你做我的妈妈。"

不想妈妈老去

晚上洗漱完毕后，我坐在化妆镜前。

二宝："妈妈，你要化妆吗？"

我："晚上我不化妆，妈妈就擦个香香。"

二宝："妈妈，你就算丑也很漂亮。"

（这……是什么话？是想说我不化妆也很漂亮吗？）

我："等你长大后，妈妈就老了，就不漂亮了。"

…………

二宝半天没说话，我回头一看，才发觉小家伙的眼眶竟然湿润了，我突然不知所措……

二宝："我不要你变老，我不想让你死……我长大不做警察和消防员了，我要做医生，这样你就不会老、不会死了……"

教育伙伴说

从没想到平时的钢铁小直男，竟有如此柔软的一面，我很感动，有时候父母对孩子的爱是有条件的，可孩子对父母的爱却是无条件的，孩子永远比我们想象的更爱父母。

希望你慢慢长大，妈妈慢慢变老……

享受女儿的爱

因为我上呼吸道感染，扁桃体急性发炎，没有力气，不想说话。

奈何家里的爸爸，家务是分担了，但是他的嘴是不饶人的。碰到芝麻绿豆大的事，他都能跟你杠到底，也不管你是否还有力气说话。

女儿："爸爸，请你把嘴巴关掉，不许说话。"

爸爸："为什么？"

女儿："没看到妈妈身体不舒服吗？"

爸爸："我知道啊，但是……"

女儿："停停停！嘘嘘嘘！说了让你别说话，还说。"

爸爸："干吗啦，我总得和妈妈说清楚啊。"

女儿："让你别说就别说。听不出来吗？你嘴巴闭上就可以了。"

爸爸："妈妈只要听着就行了。"

女儿上前捂住爸爸的嘴。

女儿："你（爸爸）一点儿也不懂事！要让着！懂吗？"

我全程看着、听着，甚是欣慰！

教育伙伴说

　　夫妻吵架、争执、有矛盾，最心急的还是孩子。因为孩子最不想看到父母这样，他们会想尽办法避免、转移、淡化、分散矛盾。这是多么柔软而又需要安全感的一颗心啊！这颗心温暖了父母，也温暖了整个家。而且这是孩子的天性使然，不用谁来教也无须向谁学。父母在暖心、感动的同时，也要将其转化成一份责任，要更用心地经营好家庭，培养好孩子。

天使宝贝

大概是早上做了悲伤的梦，咪嘟从梦中哭醒。

咪嘟："妈妈，我不想兔兔猫死掉！"

（我曾经有一只名叫兔兔的猫，在我结婚之前就死了，我给她讲过关于这只猫的故事，看来她一直记在心里）

我："世界上任何生命都会经历生和死，这样我们的生命才显得有意义啊！"

咪嘟："那兔兔猫死掉之后去哪了？"（崩溃大哭）

我："就在那朵厚厚的云彩后面呀。"

咪嘟："那太奶奶是不是也在那里？和兔兔猫在一起？"

我："是的呀，我们所有去世的亲人都会在那里。"

咪嘟："那是兔兔猫先死掉的，还是太奶奶先死掉的？"

我："是兔兔猫呀，因为猫咪的寿命比人类要短很多。"

（咪嘟再次崩溃，"哇"地哭出声来）

我："为什么这么伤心啊？"

咪嘟："那兔兔猫先死掉了，它自己在那片云上，谁来照顾它啊，它太孤单了！"

（我想过很多种她大哭的原因，都没想到她是因为担心兔兔猫没有人照顾，我的宝贝心思也太细腻了吧）

我："不会的，在有亲人去之前，会由小天使代为照顾兔兔猫。"

咪嘟："小天使就是你说的，我来找你之前的样子吗？"

我："对的，宝贝，你是从天上来找我的小天使！

咪嘟："我之前也在云上，因为想让你做我的妈妈，我就一下子跳下来找你了！可是我们怎样才能找到彼此而不迷路呢？万一迷路了就再也找不到我们爱的人了。"（咪嘟又难过起来）

我："你觉得太奶奶找得到兔兔猫，你也找得到我，是为什么呢？"

咪嘟："我想，一定是因为有了特别的爱吧！"

我："是啊，有了爱，就不会迷路！

教育伙伴说

孩子的感情是细腻的，孩子的爱是纯真的，常常让我们惊讶、感动，并感到无比温暖。

胖爸爸？瘦爸爸？健康的爸爸！

有段时间我家先生工作比较忙，不准时吃三餐，自然就瘦了些。我和女儿一起叠衣服的时候，咕哝了一句："爸爸最近瘦了，之前穿的衣服都显得宽松了。"

女儿听到了，接了一句："爸爸瘦了更帅了。"

我听了觉得好笑，有心逗她，就问："那爸爸胖了还帅吗？"

"也帅。"看来在女儿心里爸爸的形象还是很完美的嘛！

我接着问她："那你希望爸爸胖一点还是瘦一点呢？"

女儿一边叠着衣服，一边脱口而出："我希望爸爸健康就好。"

"啊……"我不由得心中暗自感叹，"今天又是被'人类幼崽'治愈的一天呢！"

教育伙伴说

孩子从出生到能独立生存，要经历很长的一段时间，这期间需要父母不断地付出时间和精力，他们才能顺利长大成人，进入社会。父母的付出源自"舐犊情深"的天性，而孩子的天真可爱也让这份付出变得更加心甘情愿。

　　我时常在想一个问题，是我们爱孩子更多，还是孩子爱我们更多。我自认为做不到毫无条件的爱，但是孩子似乎不然，至少从女儿对我和先生的爱中我看到的只有天真和纯粹。女儿不假思索地说出"希望爸爸健康就好"，这又何尝不是世间最悦耳的话语。抛开一切外在条件，孩子只是单纯地爱着自己的父母，我想，这也许是养育孩子过程中最宝贵的收获吧。

　　相对于人的一生来说，童年十分短暂，孩子能恣意表达对我们的爱的时光亦然，这些爱的话语，就是点缀在父母与孩子之间的纽带上最闪耀的明珠，回头看时，总能照亮我们的人生。

切菜菜

　　家里的钟点工阿姨骑助动车时摔了一跤，右手骨折，需要休养几个月，因此家务活便都落在了我的身上。

　　每天把二宝从幼儿园接回家后，我便忙着洗菜、切菜、烧菜……通常这段时间，我会给二宝安排画画、做点思维题等比较静态的活动。小家伙还算懂事，知道妈妈分身乏术，大部分时间都是比较乖巧听话的，他做他的，我忙我的，偶尔他会喊妈妈帮忙，但对我干扰不大。

　　一日，我照旧在厨房忙碌，许久没听见外面小家伙的动静，就朝着客厅说："二宝，你在做什么呀？需要妈妈帮忙吗？""妈妈，不用啦，我正忙着切菜菜呢！"熟悉的声音传来，我不禁疑惑起来，什么是"切菜菜"？

　　我放下手中的菜刀，走出厨房，眼前的画面让我慌乱：二宝右手拿着姐姐的美工刀，左手抓着一片爸爸心爱的君子兰的叶子，君子兰的叶片被划成了一条条，散乱地掉落在二宝的脚边……若是在平时，我肯定会大叫一声，立马上前拿走他手中的"作案工具"。可那是一把美工刀，大叫肯定会惊吓到孩子，万一美工刀划到他自己，后果不堪设想。

我试着去理解他行为背后的意图，努力让自己平静下来，用缓和的语气问："这些都是你切的菜菜吗？""对呀！妈妈，我棒不棒？我是你的小帮手吧？"二宝笑眯眯地抬头看着我。

原来，二宝不是在搞破坏，而是看到妈妈这么忙碌，他怀着一个简单的心愿，模仿妈妈切菜的动作，希望能帮到妈妈。但是在一个低龄幼儿的认知中还不能清晰地分辨哪些是能吃的蔬菜，哪些是观赏的绿植，我差点错怪孩子了。

于是我弯下腰来对二宝说："二宝真是妈妈的好帮手，这些菜已经够我们吃了，今天就切到这里吧！"小家伙欣然同意了，把美工刀交到我手上，开心地去搭积木了。

晚饭后，我告诉二宝，君子兰是盆栽植物，悉心照料会开出美丽的花朵，它的叶子是看的，不能吃，他愉快地接受了。

教育伙伴说

如果当时妈妈非常粗暴地斥责孩子毁了爸爸心爱的盆栽，一是有可能吓到孩子，使得他在慌乱中用手中的美工刀误伤自己；二是会挫伤一个善良的孩子想要帮助别人的积极性。花毁了还可以再买，而孩子的自尊心受到伤害很难修复。我们必须弄懂孩子这些行为背后的真正动机，并加以引导，让孩子在实践中学习，尽量用客观事实来引导幼儿，修正幼儿的认知偏差。

买头饰

初春的傍晚，微凉的空气中还夹杂着阵阵冷风。

和女儿买完东西从高岛屋出来，在十字路口，看到一家四口在风中摆地摊卖手工头饰。地上放了一个行李箱和一个儿童手推车。爸爸抱着尤克里里边弹边唱，妈妈也随着节奏合唱着。老大是儿子，坐在行李箱上；老二是女儿，坐在儿童手推车里。十字路口的风还是很大的，我和女儿手牵手在等红绿灯。女儿轻轻地拽了拽我，问："妈妈，他们为什么要在大风中带着孩子卖东西？"我回答："妈妈不清楚具体原因。不过我猜测两种情况的可能性比较大：一是带着孩子来体验生活，二是利用下班时间赚点钱。"女儿想了想说："可是风真的很大啊，那个小妹妹不冷吗？"我一时还真不知道该怎么回答她。

这时，绿灯亮了起来。我正要往前走，女儿却用力拉住了我，怯生生地问道："妈妈，我们能去他们那里买个头饰吗？"我愣了一下，答应了她的要求。女儿开心地走到摊位前，开始认真地挑头饰。这时，小男孩主动过来推销起了商品。两个小朋友就这样轻松地聊了起来。最后，女儿挑了三样头饰，我们付过钱，告别之后过了马路往家里走。

看到女儿满脸的喜悦，我问她："你喜欢这些头饰吗？"她说："喜欢！"我问："看你这么开心，那除了喜欢这些头饰，你还有什么高兴的事吗？"也许是被我说中了心事，女儿笑得更灿烂了，说道："妈妈，能帮助到别人真的很开心！我是喜欢这些头饰，但我也觉得我们买了他们的东西，他们能赚到钱，可以让小妹妹早点回家睡觉，也许还能给她买奶粉，想到这些我就开心。"

教育伙伴说

　　小小的女儿善良且乐于助人，让人欣喜。这也让我联想到另外一个我一直没有想明白的问题：如何教育孩子在"路见不平"时选取合适的做法？孩子小的时候都喜欢"告家长""告老师"，会"多管闲事""抢着做现场证人"。其实，这就是孩子对于破坏规则者的揭发、阻止和反抗。我在想，这种"路见不平，拔刀相助"的想法本是与生俱来的吧？随着孩子的成长，家长为了他们的安全，经常劝他们"不要多管闲事""离麻烦远点""不要强出头"。试想，如果遇到有人随手扔垃圾、有人插队、有同学被校园霸凌、有人被抢劫等情况，我们要不要鼓励孩子勇敢地站出来呢？我们现在的教育方式也许会影响孩子长大以后如何面对其他类似的在生活中、职场中、社交中的那些规则破坏者。是容忍，事不关己，还是告知底线，据理力争？……这个世界并不是非黑即白的，但这个标准和度又是怎样的呢？

惊喜

生活中令人感动的瞬间每天都会发生，其中第一次被暖到的那个瞬间，记忆会特别深刻。那时儿子才两岁多，小小的个头，圆圆的脸蛋，奶声奶气地学着说话，认真的小模样，似懂非懂地和我们交流，我觉得那时的他特别可爱。因此，我想要尽自己所能，把我能给的所有最好的都给他。

记得我生日前几天的一个晚上，饭桌上全家人有说有笑地吃着饭、聊着天。无意间看到电视里放着有关大海的纪录片，我随口说了句："这些贝壳好美啊！实在太漂亮了！"打那以后，我喜欢贝壳这件事，就被儿子放在心上了。过了几天，我们一家去吃海鲜大餐，平时都会安静地坐着享受美食的儿子，那天却有些心不在焉，草草吃了几个贝类海鲜后，就把我们吃剩的贝壳都收集了起来。而且他还挺有心的，收集了不同大小、不同颜色、不同形状的贝壳。我疑惑不解地问："你收集这些贝壳干什么？"儿子神秘地说："不告诉你。"

回到家，儿子迫不及待地冲到洗手间，拿了一个脸盆，往里面装满了水，再倒入一点洗手液，把贝壳倒进脸盆，然后坐在小板凳上，像模像样地清洗着每一个贝壳，我很少看到他这么认真的模样。用清水冲洗干净后，他把贝壳铺在阳台上晒干，再把它们装到了盒子里。

几天后，我的生日到了。儿子郑重其事地把盒子拿到了我的面前，并对我说："妈妈，这是我送给你的生日礼物。"我听得一愣，随即感动地哭了。我这才恍然大悟，明白了儿子前几天收集贝壳的原因。别看他才两岁多，却那么懂事，这次我是真的被暖到了。

教育伙伴说

那次的生日惊喜，是我收到过的最难忘的礼物。我想等我老了，我还是会和家人朋友们分享这次"惊喜"。

冬日里的一杯"加班茶"

自2021年起，孩子的爸爸因为工作需要，赶赴外地，我们家开启了异地相处模式；我也因为公司工作的调整，进入了一天超过10个小时的工作状态。孩子从此也就开始了自己照顾自己，自己安排自己学习与生活的日子。

一个冬天的夜里，疲惫的我背着沉重的电脑回到家里，时间已经到了晚上10点。孩子已经做完了功课，洗好澡在床上看书。我坐在办公桌前，打开电脑，准备继续完成这一天的各种文案工作。孩子从床上爬起来，笑眯眯地对我说："妈妈，你回来啦？"我扬起嘴角，说："嗯，妈妈今天在公司加班，回来晚了。""妈妈，没事，你以后如果会没开完，就开完了再回来，我自己在家可以的！"此时，我心里涌上一股暖流，情不自禁地把他拉到了我身边，摸摸他的头，说："宝宝真乖，快去睡觉吧！明天还要上学呢。"他"嗯"了一声走开了。过了会，孩子推门进来，手里捧着一杯热茶，对我说："妈妈，天冷了，你喝点热茶再继续工作吧。"我接过孩子递来的热茶，真的好热，热到了我的心里。"谢谢宝宝！"我说道，"妈妈一会就去睡。"于是孩子去房间睡觉了。我坐在电脑前，屏幕上是孩子天真无邪的笑容，而我的眼里是感动和愧疚的泪。

教育伙伴说

这半年来，给孩子烧的饭少了，陪孩子去游乐园的次数少了，甚至和孩子谈心的次数都少了。与孩子通过电话手表对话的时间可能都比面对面的多。每天，孩子通过电话手表和我说：妈妈，我下课了；妈妈，我到家了；妈妈，我吃饭了；妈妈，我作业做完了；妈妈，你什么时候回来……回忆起来，我的回答经常是：妈妈在开会，妈妈给你点了外卖，妈妈也不知道什么时候能回来……

孩子永远是最理解我的那一个人。孩子的话里满满都是质朴的爱，他要的可能只是睁开眼就能看到他最亲近的家人。而我，似乎回到了家就把疲惫和压力转嫁到了孩子的身上，让他为我去分担，让他来安慰我。想到这，我很愧疚……喝了一口茶，我默默地合上了电脑，走到了孩子的床边……

妈妈，我想让它活下来

狗狗刚来到我们家的时候，运气妹还比较小，淘气的狗狗一刻也不肯安静，每次她都只能在沙发上站得高高的，看着小狗蹦跶。虽然她心里很喜欢狗狗，可完全应付不了狗狗的淘气，对狗狗又爱又恨。同时，她期待着家里可以有一只能抱在自己怀里的猫猫。

雨季的上海，傍晚，倾盆大雨。

雨渐渐停了，已是晚上9点多了，我带着运气妹和狗狗一起出去遛弯，路过一处泥泞的草丛时，小狗朝着草丛一直吠叫不止，草丛中传来微弱的猫叫声。走进一看，运气妹发现了一只深陷泥泞的小奶猫，一下子就叫了起来："妈妈，赶紧救救它，我想让它活下来。"我思考片刻后，说："回家拿毛巾把猫猫抱回家再说。"

我们把猫猫带回家后发现它已经虚脱了，除了发出微弱的叫声，几乎动弹不得。运气妹给猫猫洗了个澡，用电吹风机将猫猫的毛吹干后小心地用毛巾包裹着它，还给它喂了点水，轻抚它，猫猫很快就睡着了。深夜，猫猫突然大声地叫唤。运气妹惊醒，立刻起身去看猫咪，边轻轻地抚摸它，边问："你是不是想你的妈妈了？等你好了我带你去找妈妈，我有妈妈陪，你没有，你一定很孤单吧！但是我和我的家人以后都会一直陪着你，你不用怕，乖乖睡吧，睡醒了我们带你去医院。"猫猫似乎听懂了，安静地睡着了。第二天我们醒来才发现，那是猫猫在和运气妹道别，猫猫早已没有了呼吸。运气妹看着已经死了的猫猫号啕大哭，说："妈妈，我都答应给它找妈妈了，它怎么就死了呢？妈妈，我真的很想让它活下来。"孩子伤心不已。

之后，运气妹发誓，以后看见这样孤单、没有妈妈的猫猫都要加倍去呵护它们。运气妹说，这些小动物都很善良，很可爱，也很孤单，我们可以把很多爱心送给它们，希望它们健康成长。无论它们的寿命有多长，都希望在它们的世界里是长寿的、快乐的。小家伙说到也做到了，每天放学走到院里都会先去和流浪猫们说说话，安慰安慰它们再回家。

有爱的孩子是温暖的，是有力量的。

教育伙伴说

每一个孩子都是天使！

随着孩子不断成长，他们会开启他们的好奇心，不断探索这个世界，拥有一些美好的体验和经历，然后本能地散发善良与爱心。这些美好的体验和经历，会丰富他们美好的童年，他们有了这些美好的童年记忆，就会去传递正能量，去善待这个世界，善待他们身边的每一个生命。

孩子对猫猫离开的无奈，并没有削弱她对动物的喜爱。一个偶然的机会，在她看到深陷泥泞的猫猫微弱且孤立无助的时候，她对猫猫无比疼惜，萌发了想要救活它的念头。孩子虽然知道猫猫有可能无法存活，但依然坚持要照顾它，把所有的爱都倾注到它身上，就为了让它能活下来，这是孩子对生命的敬畏。

虽然最后猫猫还是离开了，但当我告诉孩子"至少我们尽力了，它不是在冰冷的雨水中孤独而死"的时候，孩子是能够接受猫猫的去世的。在孩子的成长过程中，她就这样经历了一次自然的分离过程。

这样的经历对大人来说可能是一件小事，因为大人见惯了与小猫、小狗的分离，但对于参与了照顾小猫和与小猫分离的过程的孩子，这是她认识世界、理解生命的重要经历，在孩子的认知世界里意义非凡。

因此，我不由得去思考，在日常生活中那些父母们认为的小事情，在孩子的内心世界真的是"小事情"吗？

在爱的名义下

"妈妈，有没有可以让外婆做的数学题？如果有你买几套吧，我要每天给她布置作业。"我听了孩子的话不以为然，心想估计是句玩笑话，就把这件事抛在了脑后。

过了几天，孩子过来追问："妈妈，给外婆做的数学题，你买好了吗？怎么好几天了都还没到？"

我被追问得有点心烦，回道："你是不是因为妈妈每天给你布置课外作业，所以也想让外婆陪你一起做？你有时间想着这事，为什么不多做几道题？"

孩子一开始默不作声，过了一会儿却流下了眼泪，她委屈地说道："你布置作业是要求我达到你的期望，我却是希望外婆锻炼脑力，不要得阿尔茨海默病。电视里说，人只要得了这种病就会忘记自己的亲人！"

教育伙伴说

　　这时我恍然大悟，心里猛地被撞击了一下。当初我们把孩子带来这个世界上，她的平安健康是我们最大的祈愿，走着走着，我们竟逐渐忘却了这份初心。同时以爱的名义，我们把压力转嫁给了孩子，要求她达到我们设定的目标，但孩子却一直在给予我们最纯真的爱，并且不求回报。

　　为人父母，我们要向孩子学习如何去爱，如何做纯真的自己，让我们为拥有更美好的世界而行动！

被孩子治愈

生活中，总有一些被孩子治愈的时刻。

现在的楼几乎都安装了电梯，偶尔我们走楼梯时，孩子总是第一时间冲到楼梯最上面的一级台阶，向我伸出手，我的最后一步一定是被他"搀扶"着走上去的。他总觉得这样做特别潇洒，特别有男子气概。这在我的眼中又何尝不是呢？每当我从下而上地看着他，仿佛能看到他身后散发着正能量的光环呢！

上个周末，我的偏头痛发作，只能恹恹地躺在床上，而这个平时自理能力甚差的小男孩，从自己的卧室里抱来了大大的被子，并帮我轻轻地盖好。说实话，彼时彼刻我内心出现了一个大大的"？":这是平时那个什么事都要喊妈妈帮忙的小男孩吗？他是什么时候悄悄长大的呢？

教育伙伴说

我们给孩子一点爱，他们就回报我们巨大的爱。孩子就像我们的能量补给站，在我们能量快要耗尽的时候给予我们爱、惊喜和感动，让我们以充沛的精力重新出发、披荆斩棘。虽然人类的悲欢并不相通，但关于孩子的故事我们总能与一颗柔软的心产生共鸣。

双面人

《双面人》这幅画表达了：只要改变眼睛和嘴巴，就可以表达出生气和难过两种表情。一个人是生气还是难过，看看他的眼睛和嘴巴就知道了。我喜欢笑眯眯的眼睛和微笑的嘴巴。国王爸爸生气了，公主女儿就会难过。因为公主女儿是国王爸爸最疼爱的宝贝，而国王爸爸也是公主女儿最在意的人。我把他们画成了一样的形状，涂上一样的颜色，因为这样我们能更好地感受他们之间的感情。

教育伙伴说

孩子的心灵是纯洁无瑕的，心思是敏感细腻的。他们在生活中感受到了爱，才能更好地表达爱、理解爱。孩子在爱的滋养下，才能成长为更有爱的人。

下辈子还要做你的宝贝

家里养的小金鱼死了，宽宽伤心了很久。他并不能完全理解死亡是什么，也无法将死亡和消失联系在一起。于是，在每晚睡前的例行交谈中，宽宽突然问起了关于死亡的问题："妈妈，为什么人会死？"

对于生死问题，我相信每个宝贝在成长过程中一定都会产生疑问。因此我想，一定不能草率地回答他。借着小金鱼死亡事件，我想让他懂得生命的真正意义。我想了想，回答道："宝贝，生和死都是每个生命必然会经历的过程，谁都改变不了。但我们可以在活着的时候努力活得更精彩、更开心。小金鱼死了，但是它来过这个世界，和我们成了朋友，最后实现了自己生命的意义，所以它心满意足地离开了。它喜欢我们，以后还会再回到我们家的。"

宽宽似懂非懂地点了点头，紧接着说出了一段让我难忘的话："妈妈，我觉得你做我的妈妈我很开心，以后我们千万不可以搬家。"

"为什么？"宽宽从金鱼的死联想到了搬家，这让我感到很奇怪。

"如果搬家了，等你死后变成星星就找不到我，我也找不到你了。但是下辈子我还是希望找你做我的妈妈。"

原来，生命的消逝并没有吓到孩子，孩子真正担心的是当下的人和爱。这份爱，像一颗种子埋在了孩子的心底，让他不想失去自己所爱的人。这才是生命真正的意义啊——在一次又一次的轮回中去爱和被爱。

教育伙伴说

听到儿子的这句话，我忍不住哭了，没想到在这场关于生死的讨论中，孩子反馈的不是对死亡的恐惧，而是对妈妈满满的爱。很多时候，我们害怕和孩子谈论死亡，因为我们自己都未必真正了解死亡，也会担心孩子年纪太小，不能很好地消化死亡这样沉重的话题。但我很庆幸，面对突如其来的生死话题，我没有选择避而不谈或者干脆糊弄，而是坦然、客观地向他解释了我所理解的生和死，以及生命的意义。而从儿子的反应中，我能看出他对死亡的焦虑和恐惧已经有所缓解，剩下更多的是对生命和爱的思考。宝贝，如果能有下辈子，我也希望能找到你，继续做你的妈妈，有了你，妈妈的人生变得更快乐、更精彩。

愿我们都能被这个世界温柔以待

下班回到家，看到儿子和他外公的脸色都不太好，心下好奇：今天不是去看太太（我的外公）了吗？太太很疼蛋蛋（儿子小名）的，难道闹了不愉快？

我偷偷问我妈："今天发生什么了？怎么都不太高兴呢？"

"咳，你儿子不知道怎么了，你爸对你外公说，蛋蛋过两天放暑假，就要去他爷爷奶奶家了，你儿子就不高兴了，生闷气呢，我们怎么问他他都不说话，搞得你爸也不太开心。"

儿子的性格我是了解的，虽然调皮，但是不会无缘无故闹脾气。于是，我把儿子拉过来，搂在怀里，轻声地问他："小宝贝，怎么啦？为什么生闷气呀？"儿子红了眼，噘了半天嘴，才慢慢回答："我跟外公、外婆去看太太，我就想让太太开开心心的，但是外公告诉太太说我要走了，太太听了肯定会难过的，我不想让太太难过……"他边说边紧紧趴在我怀里，最后不说话了。

我听了，既感到心酸，又感到心疼。真是个心思细腻的小男生呀！小小的人儿打心底里担心其他人的感受，因为担心太太难过，自己也难过起来，谁能说这不是爱呢？这分明是一份油然而生的、浓浓的爱啊！

回想起来，儿子从小就很乖，跟他讲道理他都会认真听，别人对他好，他都会记在心里，也会用他自己的方式表达爱。

两岁的时候，见到别的小朋友跟我闹着玩，装作要打我，他跌跌撞撞地跑过来保护我，不让别人打我。那个鼓着腮帮子的小小人儿，对着那个比他大的哥哥挥着小拳头，奶凶奶凶的，太可爱了！直到现在，儿子都会经常对我们说："妈妈，你最漂亮！胖胖的，好可爱！""爸爸，你是上海第一帅哥！"

有一次，我看电视剧时哭了，被儿子发现，他立刻抱住我说："妈妈，你别难过了，看到你流眼泪，我心里很难受……"

还有一次，他外公跟他说人老了就会死掉，儿子不懂死亡的意思。外公说，就是会消失，永远不能再见面了，儿子顿时就哇哇大哭，一边哭一边说："我不要外公死掉！我要我们永远在一起！"

教育伙伴说

　　孩子的世界就是这么纯真，谁对他们好，他们就会回报同样的爱。不想让太太难过，不想看到妈妈流眼泪，不想和外公分离……这些都是孩子给予我们的爱。反观我们大人，有时却忘了感恩，忘了如何去爱别人。

　　当孩子呱呱坠地，我们希望他健康快乐地成长，但在他漫长的成长过程中，我们似乎忘记了这份初心。我们希望孩子品学兼优，"不能输在起跑线上"，孩子成绩好，我们就开心；孩子考砸了，我们就失落，甚至愤怒……从前那份单纯而美好的爱，去哪里了？反观孩子，他们对父母、长辈的爱则是无条件的。在如何去爱别人这方面，孩子或许反而是我们的老师，愿我们都能被这个世界温柔以待。

品读童年

　　爱是什么？这是一个永恒的话题。对于这个话题，每个人都有自己的观点。孩子无法像大人一样准确地表达自己的观点，但是他们会用最简单的语言、最直接的行动告诉我们：爱是施与，不是索取，爱是最单纯的情感。爱的需要在情感世界中，处于"最普遍的基础核心"地位。亲子之爱，源于人类热爱生命的天性；亲子之爱，如同阳光雨露，滋润孩子纯洁的心田，指引家长用爱心去培育爱心。当我们平视孩子，会发现他们正无条件地爱着我们，同时毫无保留地热爱着万物生灵、一草一木。

暖

导 语

陪伴，是最长情的告白。

"既然是我选择了你做我爸爸，那你一定是世界上最好的爸爸！"

我们的故事集

这里记录着你在妈妈眼中所有的"最"，留给最爱的你。等你长大，当我老了，我们再拿出它来，沏一杯清茶，品如金的岁月。

家里多了一张嘴，我已为人母

我永远不会忘记那一天：2011年12月26日，我们家多了一张小嘴。我们希望他如天空一样，有远大的志向；和海洋一样，有广阔的胸怀。看着他粉扑扑的笑脸，感慨着：谢谢你的到来，我的儿子！谢谢你，让我体验了生命的精彩，肚子上的刀疤也变成了一笔无比珍贵的财富。

那张小嘴，在第一次吃完母乳后打了一个奶嗝儿，周围的人都笑了，因为你已睡着，一个奶嗝儿却把自己惊醒了，小眼睛睁得好大，虽然医生说你还啥都看不见，但是我觉得你看到了，至少你感受到了周围的人对你的爱。

那张小嘴，第一次吃辅食时，尝到了人生第一口有别于母乳的新鲜食物。我有点伤心：以后你会遇到更多新鲜的事情，你会慢慢地不需要妈妈。

那张小嘴，居然先学会叫"爸爸"而不是"妈妈"，这把边上的爸爸乐坏了，好吧，爸爸赢了，妈妈输了，但妈妈依然对此感到高兴。

到了学龄前，妈妈的紧张日常

转眼你3周岁了，妈妈毫不犹豫地为你选择了离家最近也是最好的幼儿园，原本以为我会轻松一些，至少每天有8个小时可以自由安排自己的时间，谁知道事与愿违。

上幼儿园前的准备：你要上幼儿园了，首先跟你的尿布说再见吧，你必须学会自己上厕所。作为一名妈妈，我做了很多准备。比如，在幼儿园门口特地竖起耳朵听下课铃声，记录你的下课时间，光闹钟就调了三四个。然后严格控制你的喝水量和喝水时间……你非常地配合，经过两三天的训练后，你骄傲地对我说："妈妈，其实我早已可以……"

训练任务的第二项——写字。到了幼儿园，我想着最基础的数字和名字你总得会写吧，于是每天下午开始训练你写字。从那个阶段起，我就和你斗智斗勇，并从中总结出了很多"对付"你的好办法。比如，要你午睡，你总说，"妈妈，我睡不着。""好！那我们不午睡了，起来写字吧。"很快你就会趴在书桌上睡着……后来你不好好午睡，我只要说"那写字吧"，你就会在3分钟之内睡着。

吃饭，也是个大问题，整个幼儿园阶段，你常常在幼儿园里不好好吃饭，空着肚子回家。不过，有一次你大概是吃到了你特别爱吃的东西，吃得特别香，老师还记录了下来。我隔着手机屏幕都能感受到在你口中的是世界上最好吃的东西了。

想记录的还有好多，比如每年你的舞台表演，妈妈都为你记录下来了，看着你从小班入学到毕业典礼的精彩表现，我心生无限感慨！特别是你在毕业典礼上当了全年级的指挥，妈妈觉得你特别棒！

你终于到了学龄，开始了你人生最重要的第一阶段

2018年9月1日，你终于上小学了，你知道此时妈妈最大的感觉是什么吗？是抓不住时光的落寞。看着稚嫩的你朝着更为广阔的世界奔去，妈妈心里有点失落。

你第一天上学，就发生了一件让我措手不及的事。9月1日之前，你的一颗牙齿已经快掉了，本着顺其自然的原则没有特意去拔牙，没想到这颗牙居然在你开学的第一天"寿终正寝"，还弄得你满地找牙。放学后当我继续按照你上幼儿园时的习惯问你："宝贝，你今天午饭吃得如何？"那天，我得到的回答是："妈妈，正常情况下，我都吃得不好，更何况今天还少了个牙！"

疫情暴发后，你在家学习半年。不能出门，我们就在家玩起了超市游戏，你扮演超市小老板，自己画了一张二维码，让我扫一扫，为自己选定的小物件付款。为了使游戏体验感更逼真，我从微信转钱给你，告诉你，那是你开小超市赚的钱。你从中学到了很多，体会到了爸爸妈妈工作的不容易，懂得了珍惜和感恩。你做数学应用题的水平居然也有了相当大的提升。

转眼到了三年级，学校为你们过了一次很有意义的十岁生日，妈妈也给你写了一封发自肺腑的信。学校发来的视频中，妈妈看到好多同学流下了眼泪，而你没有，我问你为什么没有流泪，难道你不感动吗？你告诉我，男孩子的感动在心里，你会用你的实际行动来回报爸爸妈妈……

教育伙伴说

　　每一个孩子都有自己和爸爸妈妈的故事。无论是孩子如何对待我们，还是我们如何对待孩子，都不是几个故事就能说清楚的，孩子感恩我们的生养，同时我们也要感恩他们给我们带来的喜怒哀乐。我的孩子曾对我说："感动的眼泪不能代表一切，我希望我能做好我自己，并让爸爸妈妈看到，那才是真的感恩我的爸爸妈妈！"我感受到了他对我们发自内心的爱，并且感恩他对我们的爱。孩子心灵的健康是我们最希望看到的，让我们一起怀着互相感恩的心，记录下我们和孩子的故事，那不仅是一份记忆，更是一份爱，让我们把爱好好地传递下去吧！

我们的约定

安安："妈妈，你看夜晚的天空，月亮闪亮亮的，美得我都要哭了。"

安妈："为什么要哭呢？"

安安："因为我的心里有水要泄出来了，那水就流到我的眼睛里打转了。"

安安："妈妈，你希望我的理想是什么呢？"

安妈："我希望你做自己，无论你的理想是什么，妈妈都会支持你。"

安安："我的理想是当个妈妈。"

安妈："哇，那真是一个了不起的理想呢！等你有了宝宝，妈妈帮你一起照顾你的宝宝，和你一起爱他！"

安安："太好了！妈妈，那我的宝宝是从天上跳下来选我的吗？"

安妈："对呀，那你也是这样来选我的吗？"

安安："对呀，我是因为你漂亮，选了好久才特地跳下来找你的。那你和爸爸结婚，也是因为爸爸长得帅才选他的吗？"

安妈："我和爸爸结婚是因为我们相爱，爸爸对我好。你以后也要找一个对你很好的人，你们深爱对方，然后结婚，好吗？"

安安："就像爸爸和妈妈一样吗？"

安妈："对啊，如果对方对你不好，你就把他踢走，然后回到妈妈的怀抱，继续做妈妈的小宝贝，直到遇到更好的人。"

安安："好的，那我们约定了哦。"

安妈："嗯，约定，永远。"

　　这段饱含母女俩浓浓的亲情、充满爱的对话，谁能不被感动呢？爱是一种感受、一种信仰、一种追求。爱，把父母与孩子紧紧连在一起。拥有爱的能力的人，他的人生必定是充实而无憾的。作为父母，我们除了要让孩子学会书本上的知识，更要让他们学会爱。教育的关键，不是责骂、惩罚，而是爱。爱的教育是治疗心灵创伤的良药，是打开孩子心扉的钥匙。爱的作用是相互的，被爱的人才懂得如何去爱。爱给人力量，给人温暖，给人美好的情感体验。父母通过言传身教给孩子足够的爱，孩子也会回报同样的温暖。只要孩子心中充满爱，父母与孩子之间的坚冰都可能在爱的暖流里被化解。我们对孩子的爱，不是居高临下的"平易近人"，而是真正与孩子交心，因为这是我们与孩子之间一辈子的约定。

暖

（一）

　　那天，因为着急带妹妹出门，我和外婆一个给她捣鼓头发，另一个给她穿衣服，围着妹妹帮她打扮。3岁的妹妹甜甜地看着我们，说："哇，你们看上去好爱我哦！"

　　一句话，足够暖到心坎里。

（二）

　　有一天，我得了重感冒，于是戴上口罩刻意和妹妹保持安全距离。妹妹坐在地上玩积木，看着我说："妈妈，你过来陪我玩。"我说："妹妹，妈妈生病，医生不建议妈妈这两天和你一起玩哦！"她虽然沮丧，但没有过多纠缠。

　　吃晚饭的时候，妹妹看到我先吃完饭，眼里闪着光，对我说："妈妈，我这会儿不玩积木，你可以一个人去玩积木了！"

原来她的沮丧不仅因为我不陪她玩，还因为在她玩积木的时候我不能玩积木——真是简单又可爱的孩子啊！

（三）

姐姐和妹妹都有这么一个习惯——睡觉的时候她们会用自己那双小小的、软软的手，摸着我的脸蛋，一遍又一遍地说："妈妈，我喜欢你！"每当我被这双小手温暖的时候，我都对自己说：永远不要忘记这美好的感受。因为孩子长大后，那份柔软可能会逐渐消失。但是那份柔软，永远是我心里最暖的一束光。

教育伙伴说

　　孩子从出生被你捧在手心，到慢慢离开你的怀抱开始走路；从仰望你，你说啥就是啥，到不再对你言听计从，慢慢有自己的主见；你难免会失落，你会发现从前那个永远黏着你的小可爱，突然变得不再那么依赖你了。这其实表明他在成长。请珍惜每个阶段的他，因为每个阶段真的很短暂。如果你的身边有一个吵着要你陪他玩的小家伙，不要觉得他很烦，不要觉得自己的工作更重要，去陪他玩吧、陪他乐吧。如果你的孩子已步入学校，有点调皮和叛逆，并开始喜欢和你作对，请不要生气，想想曾经那个小小的他，曾经那双柔软的小手吧。为人父母就是一场修行，要懂得适时放手，要知道我们只是陪他走过一段旅程，那个小小的他，终会长大。

亲子关系之"自制比萨"

鸿鸿一直是意大利美食的爱好者，对意大利面和比萨更是情有独钟。有一阵子，我特别热衷于做面包，鸿鸿就问："妈妈，面包那么难你都会做，那你试试做比萨吧。"

"好啊，那肯定没问题，包在我身上。"我信心满满，满口答应下来，马上吆喝着鸿鸿和我一起准备食材。

我们一起准备好了所有食材。我在桌上很快揉出了面饼的样子，鸿鸿帮我放入各种食材。一转眼，我就把做好的比萨放入了烤箱。刚放进去，就听到鸿鸿大喊："忘记加芝士啦，怎么办？怎么办呀？"原来芝士在角落里，被遗忘了。鸿鸿急得差点哭出来，因为她最喜欢吃比萨上软软的芝士了。我马上安慰她，没事，我们今天做的是清爽风味的玛格丽特比萨，也会很好吃的。鸿鸿将信将疑。比萨出炉了，我切了一块给她尝一口，虽然少了芝士的浓郁，但是比萨中番茄的清香也让人欢喜。

教育伙伴说

　　生活中总是充满了小遗憾和小失误，关键在于我们用怎样的心态去对待。及时调整心态，才是面对失误和对待生活的正确态度。

　　鸿鸿一二年级的时候做作业非常粗心，我一直有点苦恼。后来才知道，孩子在小的时候脑部没有发育完全，所以他们在生活和学习中出现粗心大意的情况非常正常。随着年龄增长，孩子的脑部进一步发育，这样的状况会慢慢得到缓解。科学家发现，孩子以怎样的心态对待失误至关重要，相信自己会越来越好是走向更好、更优秀的关键。

生活趣事之"跳绳比赛准备"

鸿鸿从学校回来后，兴冲冲地对我说学校有跳绳比赛，她毫不犹豫地报名了。我听后有点迟疑："跳绳比赛应该有点难度吧？那么多小朋友都去参加比赛，你行不行啊？"

鸿鸿毫不气馁，反倒笑嘻嘻地说："现在是不行，所以，妈妈你要陪我一起练习啊！只要勤加练习，我一定能有很大进步的！"

我心里叫苦不迭，因为我并不擅长跳绳，但只能硬着头皮先答应下来。我们先制订了一个跳绳练习计划，计划非常具体、详细，从一开始的基础训练到后面的加强训练。接下来，鸿鸿每天放学回来，一放下书包，我们就拿出绳子开始练习。为了保质保量地完成训练计划，以取得实质性的进步，我们用了各种各样的方法：有时我们一起跳，看谁先跳到100个；有时我会给她掐秒表计时，帮她数数。通过努力，鸿鸿的跳绳水平从一分钟跳120个，渐渐提高到一分钟跳140个，再到一分钟跳160个……虽然最终鸿鸿在比赛中没有获奖，但是在练习跳绳的过程中，我们养成了每天锻炼的好习惯，这是比名次和荣誉更大的收获！

教育伙伴说

　　鸿鸿在练习跳绳的过程中受益良多，她能够为自己设立目标，根据自己的实际情况安排训练进度，并且看到自己的付出与收获。这就形成了一个良性的正反馈机制，并且她还把跳绳的经验应用在其他不足的方面。比如她解答应用题的能力不是很好，她认识到这是因为自己对题目的理解不够透彻，所以她会多读几遍题目，改掉自己心急的毛病。渐渐地，鸿鸿不断去调整自己的状态，使自己变得更好，我真为她感到骄傲！

生活趣事之 "与小象互动"

从小鸿鸿就特别喜欢动物，无论到哪个城市旅游，都一定要去当地的动物园。我经常开玩笑说："你长大后就做一个动物饲养员吧，这样就能天天看到它们了。"

一天，我们去一个动物园参观，有和大象互动的机会，游客可以向它投喂胡萝卜。一群大象里有一头小象特别萌，并且非常好动，它的鼻子朝着我们甩来甩去，好像在叫我们过去。

"要不要买点胡萝卜给它吃？"鸿鸿看着小象调皮的模样，很想逗逗小象，期待地问我。

"当然可以啊！你来试试看。"我笑着回答。

鸿鸿有点迟疑，因为大象的体形比较大，鼻子也湿漉漉的，我猜想她应该是有点害怕。"不怕，鸿鸿，大象是非常温顺的动物，你好好对待它，它也会温柔地对待你。"

于是，鸿鸿鼓起勇气，走上前去，把胡萝卜递给小象。小象开心地吃起来，不一会儿，小象和鸿鸿就熟悉了起来。鸿鸿摸摸小象的鼻子，小象用自己的长鼻子蹭了蹭鸿鸿，表达对鸿鸿的喜欢，两个"小朋友"就这样建立了信任和友谊。

教育伙伴说

　　自然是孩子最好的乐园，生活在城市里的孩子很少有机会能和某些动物近距离接触。地球不仅是人类的家园，也是动植物的家园。家长应在孩子小的时候就培养他们保护自然、与自然和谐相处的意识，引导他们不仅要关心自身，更要关心自然、爱护动物！

夜谈"八卦"

在一次亲子聚会中，我分享了许多儿子在学校的趣事，许多家长都非常好奇为什么我会知道这么多事情。确实，儿子慢慢长大，如果我一本正经地让他"汇报"每日在学校的情况，他往往会不耐烦，甚至还会反感，结果往往说不上几句，孩子就会用"不知道""不记得""不说了"诸如此类的话来打发我，那么我根本别想从他口中了解任何事情。

在孩子越来越不愿意和我分享他在学校的日常而我又急于想了解的情况下，我"发明"了夜谈"八卦"。首先，夜谈的时间选在每天儿子完成所有的任务，洗完澡舒舒服服躺在床上的时候，这也是他一天中心情最放松的时候。这个时候，他已忙完了所有的事情，但还舍不得入睡，自然就有倾吐的欲望。其次，"八卦"一词就给我俩的对话奠定了基调，它一定是轻松且没有负担的。为了引导儿子分享，我会先讲讲我公司里的"八卦"，比如今天谁惹老板生气啦，谁请客喝奶茶了，这些都是发生在大人世界里的寻常小事，但经过我的添油加醋，儿子听得津津有味，他对妈妈的生活和工作都有了更进一步的了解。听完了我的"八卦"，儿子自然而然地就分享起了学校的"八卦"，比如班级里谁得到了表扬，谁发生了什么糗事。说到某些特殊的事件，我们还会深入讨论与分析，分享各自的看法。

儿子比较粗线条，不太善于观察，也不太留意身边的事物，刚开始夜谈"八卦"的时候，他不知道分享什么，往往说上一两句，就哭丧着脸说："今天真的没发生什么事情。"但为了交换我的趣味"八卦"，他开始学会认真地观察周围的人和物，默默地记住每天发生的有趣的事情。慢慢地，他能分享的"八卦"越来越多。每天的夜谈"八卦"也成了我和儿子一天中最期待的事情。

教育伙伴说

　　沟通永远是增进亲子关系的一个重要途径，从孩子小时候的"不会沟通"，到长大后的"不愿沟通"，是很多家长都会遇到的问题。在实施夜谈"八卦"活动之前，我一直困惑该怎么样才能适时地掌握儿子的"动向"，又不会给他太大的压力和负担。现在我在每天与孩子看似轻松的"八卦"当中，不仅了解了发生在儿子身边的事情，更重要的是从他的分享和讨论中启发了他观察世界、了解世界，客观地看待一些问题，这可比一本正经的说教有效得多。

父子对话

　　某天，吃过晚饭后，与儿子在外散步时，不经意间问他："班里有喜欢的女生吗？"意料之中，没有得到正面回答，但从他嘴角藏不住的一丝笑意和少年独有的羞涩之中，我还是猜出一二，不禁莞尔。他虽还未至束发之年，却也是近了情窦初开的年纪，对美好事物的向往和追求不正是年轻的权利吗？

　　"喜欢她什么呢？"

　　"读书好，成绩一直数一数二。乐于助人，关心集体，见着谁都是笑眯眯的，同学和老师都喜欢她。"瞧，一说起这个，他的话匣子就关不住了。这个年纪的喜欢，真是纯粹到不掺杂一丝的杂质。

　　随着话题不断深入，我继续问："你觉得她对你有好感吗？"

　　"好像没有。"儿子有些失落，这个年纪就是这么有意思，没有丝毫的掩饰，纯洁得就像块水晶玻璃。

　　"为什么？"

　　"可能是我有点内向，不太显眼。"

　　"谁说的？"老父亲清清嗓子，开始了长篇大论，"儿子，你中意的女生这么优秀，首先证明你小子的眼光不错，审美肯定没毛病。而且在我看来，你远比你的自我评价要出色得多。学习上，你的成绩在班里也是名列前茅的，虽说粗心、毛躁的毛病还有待改善，但是总体来说，还是朝着好的方向发展。平日里，你话不多，性格沉稳，考虑问题比同龄人更周到、全面。待人也是彬彬有礼，周围与你相识的人都对你赞赏有加。自信点！儿子！每个人都有追求美的权利！"

儿子被夸得有点不好意思，咧着嘴，在那里傻笑。

我继续说道："我觉得吧，想要她注意到你，首先你要激发自身的潜力，把自己身上的优点放大到足以让她看到。比如，学习上，你要加倍努力，尽快实现赶超，成为那个走在最前面的人。这就好比登山，攀登者肯定会抬头看那些在自己前方的人，而不一定会瞥一眼身后的追赶者。当你真的做到这些，也许那时，除了学习，你身上的其他闪光点也会被她发现。"

儿子若有所思，眼睛里透出一丝光亮，在天色渐暗的夏天的傍晚，显得那么的耀眼。

教育伙伴说

十岁出头是孩子生理和心理成长的敏感期。当孩子出现朦胧的"喜欢"时，正确的引导会对他们的健康成长起到积极的作用。如今，青少年背负的压力之大前所未有，当孩子面对懵懂的感情茫然而不知所措时，父母与孩子间的有效沟通和适当的鼓励，或许会成为孩子在学习上和生活上成长的新的动力。这也许是另一种"爱的力量"吧。

选择

有一次，儿子问我："爸爸，为什么我是你的儿子，而不是其他小孩呢？""是不是有很多的小孩选择了你做他们的爸爸，然后你把我挑出来，当你的儿子？"

我愣了一下，想了想，告诉他："不，儿子，不是我把你从很多小孩里挑了出来，而是你选择了我做你的爸爸。"

儿子若有所思地说："既然是我选择了你做我爸爸，那你一定是世界上最好的爸爸！"

教育伙伴说

儿子自小反应就比其他小朋友要慢一些，学习成绩也常落后于别的孩子，这让曾是学霸的我很长时间都无法释怀。直到这次有关选择的对话，儿子真挚的话让我顿悟。原来任何一种相遇，都是世间最好的安排。每一个孩子都是善良的小天使，他们无条件地信任自己的父母，认为自己的父母是天下最好的。而我总是拿他和其他孩子进行比较，这让我羞愧。父母需要用无条件的爱去回应孩子无条件的信任，这样当孩子自己为人父母时，他们才会知道如何用爱去呵护下一代。父母的养育教会他们成长，学会了爱，孩子之后再去养育下一代，一代一代完成生命的传承。爱始终是生命传承中最重要的事，正是有了爱，人类才能走过几千年的蒙昧时期，走向光明的未来。

抉择

上个月，我去外地参观学习，因为工作任务比较轻松，所以可以带着娃一起顺便游玩。老大因为要上小学，不便请假，我便带上了还在上幼儿园的老二花花。我带着她"吃香喝辣"，乐得她都不想回家了。

旅行结束的前一天晚上，花花抱着零食看着她最爱的动画片《汪汪队立大功》。她看到我在边上整理行李，就问："妈妈，我们是要回去了吗？"我说："是啊，我们都出来这么多天了，外婆肯定很想花花了。"花花低下头，犹豫地、小声地说："我们可以不回去吗……"我看到她的表情，突然想逗一下她："嗯……那我让你做个选择好吗？一是在这里玩，你可以一直看动画片和吃零食，但是见不到外婆；二是不看动画片也不吃零食，但是你可以马上见到外婆，花花怎么选呢？"因为花花平时都是由外婆帮忙照顾，所以花花与外婆的感情甚至超过她与我的感情。花花想都没想就脱口而出："我选第一个！"我立马很认真地说："好，那我要告诉外婆花花的选择！"之后，我就继续整理东西，没再说话。

过了十几分钟，两眼泪汪汪的小不点站在我身边，带着哭腔说："妈妈，你能不能不要把前面的话告诉外婆，能不能就当之前的事情没有发生过？"我差点笑崩，心想：我只是逗她玩呀，并不会真的去告诉外婆，但估计在这十几分钟里，这个小家伙一直在作思想斗争，后悔刚才的选择，最终决定选第二个方案，并请我转告外婆她现在的选择而不要提之前的事。

虽然我存心逗她挺不地道的，但是看着她从自己做出选择—后悔—想办法解决这个过程还挺有趣。最后，我是在她的一再请求之下答应替她保密。

教育伙伴说

小宝天性爱玩，对亲人的关爱习以为常。在小宝的心里，其实是不相信"见不到外婆"这个后果的，但在受到"威胁"——要将她的选择告诉外婆后，想到外婆知晓她的选择后要伤心，她及时采取了补救措施。可见，小宝和外婆是有深厚感情的，而且她也是一个重感情的孩子。

快乐的时光当然过得快啊

女儿放暑假了，我们终于得以在疫情之后带她出远门，回北方的爷爷奶奶家。

我们选择搭乘高铁出行，高铁全程七个小时。前两站还好，从第三站开始，女儿就有点坐不住了，开始不停地看表，问还有几站，怎么还没到。

爸爸打开地图，告诉她实时的位置，她看到才离开上海一小段路，叹了口气，一副恨不得插上翅膀自己飞的表情。

"还有多久才能到啊？"女儿问，"好想快点见到爷爷奶奶。"

"还有五个多小时呢。"她爸回答她。

"我觉得在高铁上时间过得好慢哦……"女儿嘟囔道。

我们的行程一共安排了九天，其间带女儿挖沙、踏浪又爬山，和爷爷奶奶一起吃吃喝喝玩玩，转眼一周就过去了。

回程的头天晚上，吃完晚餐后，坐车回家时，女儿突然说："妈妈，我觉得在爷爷奶奶家的时间过得好快啊！"

想起她在高铁上抓心挠肝的样子，我便觉得好笑，说："快乐的时光总是短暂的。"

"我好想回到我们刚到这里的第一天。"女儿看着窗外变换的景色说，忽明忽暗的灯光照在她不那么高兴的脸上。

我安慰她："其实时间流逝的速度是一样的。"

"只是感觉不一样吗？"女儿问，"好神奇。"

"是啊。"我转移她的注意力，"你想想还在什么时候觉得时间过得快？"

"放假的时候。"女儿说。

"没错，因为放假也是快乐的时光。"我打算皮一下，"为什么叫快乐，就是很'快'地乐呀，当然感觉时间过得快。"

女儿成功被我逗笑了。

我在昏暗的车里捏了捏她的手，看着倒退的路灯和树想：童年才是过得最快的啊……快到在你初次想起它时，它就已经过去了。

教育伙伴说

对于"85"后的我而言，童年就是夏天坐在"咣咣"乱响的三叶风扇下用勺子挖出的最甜的那口西瓜；是傍晚爬出人声鼎沸的游泳池后妈妈买来的那盒奶油味的冰激凌；是课间争分夺秒从不知是谁的桌肚里扯出的那根松松垮垮的橡皮筋；是暑假快结束时才惊觉作业还有一大堆没有写，却还是忍不住偷偷打开电视收看的白娘子和齐天大圣。

那对于"10"后的女儿而言呢？她的童年是怎样的呢？我突然有点不敢想，怕她回想起童年来觉得并没有那么美好。

但或许我只是杞人忧天，或许在她无奈的奔波与忙碌之间的那些小快乐已成为她童年的亮点。

又或许我们都可以再努力一点，努力把童年的美好再多还给孩子一点。让他们在回想起童年时光时，感受到的更多的是眷恋，是乡愁，是好想再回到童年的起点，是想让快乐的时间过得慢一点。

孩子的自然教育——记录我们家的四季活动

当代格鲁吉亚儿童心理学家、教育家阿莫纳什维利认为："儿童的灵魂不是一堆无生命的建筑材料。实际上，儿童的灵魂是一种生气勃勃的精神、激情、改造和创造的力量。"自然教育是通过自然的方式，引导孩子在真实的自然环境下探索生活，体验生活，感知生命。如果孩子的生活体验来自自己的内心体验，那么他们的心灵也会充盈起来，他们会敬畏和尊重生命，而这种对生命的敬畏和尊重会让孩子具有更加宝贵的精神品质，让他们可以更好地处理人际关系。

春天，我们去田野体验春暖花开，去踏青，去挖笋。上海的佘山专门辟出一块区域种竹笋，小朋友可以在春天去那挖竹笋。小朋友在竹林里靠眼力去识别春笋并不容易，而能成功将竹笋挖出来是一件有点难度的事情。常常重重的锄头一落下，一半的笋就断在了土里，忙活了好一阵子也只挖出来一些断笋。"妈妈，能吃到香喷喷的鲜笋太不容易了！"孩子由衷地发出感慨。"是啊，今天你们体验了一次小小笋农，知道他们的厉害了吧？"在这样的体验活动中，他们明白，菜场里一堆堆新鲜完整的春笋，是笋农们通过多年来练就的挖笋神功辛苦挖出来的。

夏天，我们去南汇果园摘桃子、摘梨子。沐浴了春风的粉色的桃花、白色的梨花，汲取了雨露的精华，变成了香甜多汁的桃子和梨子，沉甸甸地挂在枝头。孩子们戴上手套，在闷热的果林里体验摘果子的乐趣，他们看着这个果子挺大，那个果子也不小，一个一个收入囊中。如果不是桃子有桃毛，甚至当场就想咬上一口。不一会儿，孩子们热得大汗淋漓，但摘得一篮桃子和梨子，心里满满都是劳动后的成就感。通过采摘活动，孩子不仅知道了平时吃的桃子和梨子是怎么来的，更品尝到用劳动换取的胜利果实的香甜。

秋天，我们去长兴岛秋游摘橘子，大片大片的橘子树上缀满了果实，要想摘到大一点的橘子，还得爬树。孩子知道，万物生长靠太阳，枝头上向阳一面的橘子更甜！他们猫着腰，小心翼翼地挪动四肢，在树上小猫似的向上攀爬。在这个过程中，他们不仅锻炼了自己的胆量，也体验到丰收的快乐。

冬天，我们坐高铁去南京看雪。南京的金陵大报恩寺遗址公园是一个赏雪的极佳观赏地，一下雪，整座金陵大报恩寺遗址公园银装素裹，孩子可以在金陵大报恩寺遗址公园里堆雪人、打雪仗，虽然小手被冻得通红，但他们体验到了冰的温度、玩雪的畅快，而且他们对四季的认识更加丰富了。

孩子就在这四季轮回之间，像春笋一样节节长高，像夏桃一样贪婪地汲取营养，像秋橘一样向阳生长，像冬雪一样永葆纯真……他们知道了每一种食物都蕴含自然的能量和人类的辛劳。

教育伙伴说

　　大自然是孩子最好的乐园，亲近自然可以让他们更好地了解世界。我们家的两个孩子年龄差距小，精力非常旺盛，待在家里的时候他们时常争吵。我和孩子爸爸时常在周末带孩子们去大自然里走走，晒晒太阳补补钙，放松一下神经，把孩子们放到一个更广阔的空间里，让他们的眼里不再只有彼此的矛盾，将他们的注意力转移到自然界中。早春时节，当孩子们在湖边柳树下说出"万条垂下绿丝绦"的时候，当孩子们看着湖里游泳的小鸭子告诉你"春江水暖鸭先知"的时候，你会觉得，孩子们正用他们自己的眼睛和心在感受这个世界，大自然让他们身心愉悦，充满活力。

品 读 童 年

　　在陪伴孩子成长，记录孩子成长过程中的点点滴滴时，我们的教育伙伴发出了这样的感叹：童年过得很快，快到在你初次想起它时，它就已经过去了。陪伴孩子度过童年，也使父母重新回到生命最初的快乐时光。在陪伴孩子的过程中，我们慢慢会发现，不是父母在教育孩子，而是孩子在引领父母成长。大人常常以为自己什么都懂，做了父母后，才渐渐意识到自己的某些生命体验是一张白纸，需要充满灵气的孩子帮他们开启、充实。请以陪伴为丝线，和孩子一起编织属于童年的美梦，共同打造属于他们自己的快乐童年吧。我们会发现他们正无条件地爱着我们，同时毫无保留地热爱着万物生灵、一草一木。

家有俩男孩

● 导 语 ●

有了你们，酸甜苦辣都是双倍的。

"感谢您生下一个可爱的妹妹，让我永远不
孤单……"

姐姐的成长

"妈妈，妈妈，妈妈，妈妈……"成为妈妈以后，每天应该都能接收到三万声的"妈妈"，有时候甚至让我觉得"妈妈"是世界上最"恐怖"的词汇了。他们上厕所喊妈妈，拉不出来喊妈妈，上完厕所还喊妈妈。他们没有任何一件事不需要喊妈妈，特别是在我们二胎家庭，叫"妈妈"的声音更是此起彼伏，让人应接不暇。

某天，我正在洗澡，老二又在她的小马桶上叫妈妈。我实在抽不开身，只能让正在做作业的姐姐帮个忙。姐姐不情不愿地回应了一声。过了几分钟，姐姐一脸嫌弃地把妹妹的小马桶端进来，说："妹妹的便便臭死了……"我笑嘻嘻地表扬她："姐姐真棒！"

姐姐被表扬后，在照顾妹妹上变得积极起来。接下来，我试着让姐姐帮妹妹冲奶粉、穿衣服，发现姐姐不仅做得很好，而且对自己的要求越来越高。她因为要管妹妹，所以必须以身作则。比如我对姐姐说"给妹妹看30分钟动画片"，姐姐就掐着表计时，绝对不会让妹妹多看一分钟。不仅如此，姐姐也更有时间观念了，做事也不像以前那么拖沓了。

教育伙伴说

现在我们家再也听不到此起彼伏的"妈妈"声了。看来我们家长真的应该放手让孩子多做事。现在的孩子，爷爷疼、姥姥爱，衣来伸手、饭来张口。很多事他们不是不会，只是我们没给他们机会，其实他们可以做得比我们想象的好得多。

家有二宝

当大宝哥哥进入建青实验学校小学部读一年级的时候，我们家正巧迎来了二宝妹妹。妹妹的到来，让本在家中受独宠的哥哥感受到了前所未有的失落——妈妈把大部分的精力都放在了妹妹的身上。每天放学回家，哥哥总会有点闷闷不乐。好几次，哥哥轻声地问妈妈："你是不是不爱我了呀？""宝贝，妈妈对你的爱永远不变，你和妹妹都是妈妈最爱的宝贝。"哥哥听完马上露出了灿烂的笑容。不久后，当哥哥感受到了妹妹那纯粹又充满爱意的笑容时，他开始慢慢学着接受妹妹。

教育伙伴说

　　对于独生子女的我来说，童年是短暂而孤独的，那时我没有一起成长的兄弟姐妹。在这个提倡生三胎的时代，我们之所以选择生二胎或者三胎，是因为想让孩子有个"手足"，让他们相互有个照应，等父母老去时，孩子不会孤单。

不想长大

晚上哥哥学习的时候，我非常担心妹妹会去打扰，因此会陪妹妹在客厅学习或玩耍。哥哥遇到不会的题目时，我就会抱着妹妹进去辅导，然后很快出来。

一日，我帮哥哥解答完问题正准备离开时，哥哥说："爸爸，你就让妹妹看着我写作业吧，我们会很乖的。"于是我抱着妹妹坐在哥哥旁边，他认真的样子越发可爱了。

"爸爸，如果一直这样多好呀，我不想长大。"五分钟后，哥哥突然说了这么一句话。我以为自己听错了，"你说什么？"哥哥放下笔，认真地看着我说："我不想长大，长大了就会离开。"

我有些震惊，又问了一遍，得到了哥哥同样的回答："长大了就会离开！"

教育伙伴说

是呀，孩子大了，就会离开，离开他们的父母，离开他们的兄弟姐妹……

世界上所有的爱都是以相聚为目的，唯有父母之爱、兄弟姐妹之爱，最终指向别离。

我也不想你们太快长大！

兄妹情深

在妹妹牙牙学语的时候，她总是"男""蓝"不分，还会把"吹笛子"说成"吹鼻子"。一天，妹妹对哥哥说："你是蓝孩，你是蓝孩。"哥哥被妹妹逗得哈哈大笑。每次哥哥一笑，妹妹也会跟着傻笑。笑完，哥哥用小手指着妹妹说："你是女孩，我是男孩，不是蓝色的孩子。"妹妹放慢语速，学着哥哥说话："你是女孩，我是男孩。"哥哥一遍遍地教妹妹，还拿出学校发的笛子给妹妹，教她这个是吹笛子，并指着自己的鼻子说，不是吹鼻子哦。妹妹连忙点头，表示自己明白了，但马上嘴巴里又冒出："哥哥，吹鼻子。"哥哥还是很有耐心，一遍又一遍地教妹妹，直到一周后，妹妹终于能够说清楚"男孩子""吹笛子"。

教育伙伴说

在孩子成长的过程中，如何教育孩子一直是父母头疼的问题。但是看到兄妹俩温馨相处的场景，我们似乎能想象到将来他们相互照应的样子。

机灵的妹妹

都说二宝很精明，我家妹妹也不例外。每当我教训哥哥的时候，妹妹总会第一时间站出来，帮哥哥说好话："妈妈，哥哥下次一定会做得更好。"每当我做得不太好的时候，妹妹总会旁敲侧击地指出来。一次睡前聊天时，她说："妈妈，假如我以后有个女儿的话，我肯定不会这样大声教训她，我会和她好好说话。每个小朋友都会犯错，但是我一定会先让她分析自己错在哪里，再鼓励她。""哇，你以后一定是个很了不起的妈妈，宝贝你真的好棒！"

教育伙伴说

听了妹妹的话，我突然觉得自己在很多方面确实存在不足。在教育孩子的同时，我也开始反思自己的问题，寻找方法去改变自己，让自己成为孩子心目中的好妈妈。这就是和孩子一起成长吧。

倔强的妹妹

妹妹是一个很倔强的女孩子，从小跌倒了就会自己爬起来，拍拍膝盖，不流一滴眼泪。寒假时，妹妹想学骑自行车，因为学会了她就可以和小区的小姐姐们一起骑车了。一天下午，邻居小姐姐邀请妹妹一起骑车，妹妹二话不说，一个人坐上自行车，开始拼命练习起来。小姐姐们约她去玩滑滑梯，妹妹立刻说："不去，我今天一定要学会骑自行车，那样明天就能和你们一起在小区里骑车了。"一旁的我准备上前去扶她，她连忙说："别管我，我自己来。"她在小区里练习了整整两个半小时，累得跑来和我说："妈妈，屁股骑得好疼。"我说："明天再练习吧，今天练得差不多啦。"可是，妹妹坚持继续练习，直到天黑，她终于可以双脚踩着脚踏板骑一小段了。只听她小嘴儿里不停地说着："我成功了，我成功了！"妹妹这股韧劲，真让我佩服。她让我懂得一个道理：只要有着坚持不懈的精神并为之努力，不放弃，就一定可以成功。

教育伙伴说

　　作为二宝妈妈，我并没有太多的教育经验，回想这一路，我是在陪伴孩子的过程中，慢慢摸索，逐渐成长起来的。大宝在学前比较少接触学科知识，而二宝在幼儿时期就开始进行高强度的思维训练、游泳、画画、认字、背唐诗、学英语，一遍又一遍重复滚动学习，这也是我对于教育孩子做出的一个改变。如今，妹妹养成了爱阅读的好习惯，每天坚持听故事。生活中，妹妹也是一个懂得关爱小朋友、体谅大人、处处为别人着想的孩子。在这竞争激烈的社会，培养孩子良好的性格，宽以待人，诚实做人，养成良好的学习习惯在小学阶段尤为重要。

妈妈，你别着急

　　今天为姐姐预约了九点钟去牙科诊所看牙齿，可是，姐妹俩磨蹭到八点多才起床。我匆匆忙忙地给她们梳头发、洗脸、刷牙，催促她们吃早饭。眼看就要来不及了，我一直在催："快点！快点！快点吃早饭！快点穿鞋！我们要出门了！"我风风火火地按好电梯时，姐姐终于出来了，可是妹妹还在磨磨蹭蹭，不知道在干什么。我又急忙返回家中，只见妹妹在不慌不忙地挑选鞋子。她先是拿起昨天穿的那双白色凉鞋，拎在手中踌躇了片刻，又慢慢地放了回去。然后又拿起另外一双蓝色蝴蝶结凉鞋，接着又稳稳地坐在地上，抬起头，很认真地望着我说："妈妈，你别着急！"最后，她仔仔细细地把蝴蝶结带子系好，这才站起来，蹦蹦跳跳地出门了。

　　我在冲进门的瞬间看到她在"表演穿鞋"的时候，几乎忍不住要发火了。但是，紧接着，她一个又一个缓慢而又非常认真的动作吸引了我，仿佛在这一刻时间都慢了下来，她是那么悠闲自得，沉浸在自己的世界里，而我似乎在这一刻也变得没那么着急了。

教育伙伴说

为适应当代大都市的生活，我们都过得很匆忙。我和先生习惯了把所有时间都安排得满满当当。比如，我会在等候朋友的时候写文章，会在会议开始前的空当在网上下几个购物订单。我们好像慢不下来，生怕时间不够用、效率不够高，我们习惯了干完一件事立马干另一件事，不留空白。我们每天与时间赛跑，希望用时间赢得竞争，从而拥有更成功的人生。

但是，现在想想，真的每一件事都那么重要，需要现在立刻去做吗？孩子通常不会这样，在我们眼中大多数孩子拖拖拉拉、磨磨蹭蹭，总是在一件事情上花费比父母计划的多得多的时间。他们会享受当下，比如他们很容易沉迷于一个游戏，然后不厌其烦地玩很多次。我们父母总是用"更重要"的事情，比如学习，去中断他们的游戏。有趣的是，我们在要求孩子提高专注力的同时，往往在做破坏孩子专注力的事情。

我们不妨放低要求，不光是对孩子，也对我们自己，不要求十全十美，不要求样样都做，而只是无论孩子做什么，一旦他们开始了，给予他们充分的时间，让他们做事有始有终，玩也能玩得尽兴。

静坐花开，水到渠成。

放养的收获

在姐姐升入三年级之际，妹妹也要开始小学生活了。在我基本没有干涉的情况下，妹妹识字量突飞猛进。日常生活中随处可见的各种道路牌、商店广告、绘本大字，已经难不倒她。百首古诗、成语典故她信手拈来。简单的加减法和一些英文单词她也已学会。然而，回想当初，在姐姐身上我们可是用上了洪荒之力！姐姐的每一步成长都牵动着全家人的神经：进入小学怎么办？作文怎么办？英语怎么办？篮球怎么办？和姐姐相比，妹妹这种自然习得知识的能力，让我震惊不已。

后来，我开始关注妹妹，心想她是不是被我们忽视了的天才，是不是应该举全家之力重点培养她。于是乎，我认真地拿出自己的"经典教程"，开始手把手教妹妹。但是，我很快发现妹妹根本不按常理出牌，我教过姐姐的东西，她很不受用。直觉告诉我，这不是性格的差异，而是妹妹非常抗拒我给她规规矩矩地系统性传授知识。

教育伙伴说

一直以来，妹妹在不被过分关注的环境中获取了自由成长的空间。在妈妈辅导姐姐学习的时候，她会随意拿一本喜欢的绘本，或者摆弄一张不起眼的小卡片，或者倒腾不知道从哪个玩具身上拆下来的小零件。只要不去打扰她，她就会沉迷其中。就是在这样自由成长的状态下，她自主地吸收了很多知识。而且，因为是自主性地学习，所以在知识运用和输出方面，她表现得更为优秀。她选择用自己的学习方式成长为今天的样子。

现在社会上有各种培训机构，都号称教学经验丰富，父母趋之若鹜。做父母的，谁不希望孩子能够有效地学习，提高成绩？所以我们在追求方法论上孜孜不倦。然而，我们在拼命用各种课外补习霸占孩子自由时间的时候（我们往往认为这是一种高效的学习方式），却忽略了自主学习的重要性——自发的、主动的学习，其效果会超越任何外加的传授与训练。有人说，在天赋面前，努力不值一提。那么，天赋是什么？只是智力吗？我认为，天赋还应该包括天生的兴趣爱好+天生的直觉，表现为与生俱来对某一领域的渴望和激情。

当妹妹的时间不再被我们的各种培养计划切割得七零八落的时候，她有了更多的时间和精力去自主安排自己的事情。这种自主性的学习方式更有助于发挥她的潜力，她用自己最喜欢的方式去学习。

事实上，我们现在的基础教育，语文、数学、英语、道德与法治、科学、音乐、美术、体育等，都是与孩子日常生活息息相关的基础课程。所以，哪怕天天待在家里，她也完全有机会去接触与这些基础知识相关的方方面面。也许在我们眼中，他们在"玩"，但他们能在"玩"中逐渐掌握一些知识。

家有俩男孩

由于家有俩男孩，我被问得最多的问题之一是：他俩会打架吗？

答案是否定的，他俩几乎不打架，因为他俩只打嘴仗！

他俩嘴仗打得厉害时，我会想着把他俩团成一团，从窗户扔出去。

后来我总结了一些经验，"搬"来了一些规则，状况慢慢地好了很多。

其实，一般能让俩兄弟吵吵嚷嚷的事儿都不大，无非是哥哥骗走弟弟的玩具了，车上谁用了谁的靠垫了，汤里的大骨头这次该谁啃了……都是一些鸡毛蒜皮的小事。但再小的事儿，他们都有毅力、有恒心吵出天际去。因此，后来我就开始立规矩：不许打小报告啦，各自的东西各自整理、保管啦，独一份儿的东西轮流用啦……

立规矩的效果是有的，但还是有层出不穷的新的小状况，每一次都要重新调停、重新补充规矩，并且他们对于"小报告"的理解，也是一言难尽的。

直到有一天，在美国出差的同事，照例传回了一些参观的学校照片，其中有几幅照片是贴在教室玻璃窗上的小报，提示二年级的学生如何认识和处理日常的"冲突"，如何区分"报告"和"打小报告"，这让我眼前一亮，它们不正是我需要的吗？

<table>
<tr><th colspan="6">"报告"和"打小报告"的区别</th></tr>
<tr><th></th><th>Reporting</th><th>VS</th><th>Tattling</th><th></th></tr>
<tr><td>● 为了同学的安全而报告</td><td>Purpose is to keep someone safe</td><td></td><td>Purpose is to get someone in trouble</td><td>● 为了让同学惹上麻烦而报告</td></tr>
<tr><td>● 需要成人的帮助</td><td>Need help from an adult</td><td></td><td>Can handle the situation by yourself</td><td>● 自己可以解决的问题</td></tr>
<tr><td>● 是重要的事情</td><td>Important issue</td><td></td><td>Issue is not important</td><td>● 不是重要的事情</td></tr>
<tr><td>● 有危险或者危害的情况</td><td>Situation is harmful or dangerous</td><td></td><td>Situation is harmless</td><td>● 没有危害情况</td></tr>
<tr><td>● 被报告的同学是故意为之</td><td>Behavior is on purpose</td><td></td><td>Behavior is by accident</td><td>● 被报告的同学的行为是无意的</td></tr>
</table>

"冲突"的起因

- 指责他人
- 嘲笑他人
- 招惹他人
- 占便宜，欺负他人
- 推，踢，打
- 说了难听的话
- 排挤他人
- 忽视他人
- 不公平
- 专横
- 感情受到伤害

Causes for conflict:

- Blaming someone
- Laughing at someone
- Teasing
- Taking advantage of someone
- Pushing, kicking, hitting
- Using mean words
- Excluding
- Ignoring someone
- Not being fair
- Being bossy
- Hurting feelings

Apology of action:

- You break it, you fix it
- Let people join in
- Be honest
- Help someone up if they are down
- Ask someone to play
- Make a picture or write a note
- Make someone smile

为你的行为道歉

- 你打破的，你修好
- 让他人一起参与
- 要坦诚
- 有人跌倒时，扶他们起来
- 邀请他人一起玩
- 画一幅图或者写一段话
- 想办法引他人笑

避免"冲突"的方法

- 支持你的朋友
- 让步：试着双赢
- 帮助他人
- 说"对不起"

Ways to avoid conflict:

- Stick up for a friend
- Compromise—try to make a win-win situation
- Help someone
- Say sorry

Conflict Resolution:

- Calm down (take a deep breath, walk away, count to 10...)
- Explanation of the upset
- Discussion and resolution
- Acknowledgement of some kind (handshake, apology...)

*Remember to use "I" statements

消除"冲突"

- 冷静下来（深呼吸；走开；数数，数到十……）
- 解释生气的原因
- 一起讨论，解决问题
- 以某种方式承认错误（握手，道歉……）

（图片来自曾经的同事，拍摄于美国康涅狄格州著名的The Foote School二年级教室）

教育伙伴说

　　这些提示真的太详细了，可操作性很强，我直接照搬使用。一番解释之后，他俩同意试一试。逐渐地，家里的规矩变成了方法，孩子不是被动地遵守家规，而是在遇到问题之后他们会主动地思考如何来解决，并且有意识地参考具体的方法指引。尤其是哥哥，他更能理解这些方法，也更能控制住自己的情绪，一个巴掌拍不响的日子越来越多，家里的吵闹声终于越来越少啦!

变废为宝

　　家里换了新的抽油烟机，我习惯性地将包装的大纸箱暂时放在客厅沙发的后面，以备因质量问题退换货时使用。

　　周五我下班回家，姐姐和弟弟没有像往常一样兴奋地扑过来迎接，唤了他们几声后，隐约从沙发背后传来了"咯咯咯……"的笑声。我走近一探究竟，这时突然从沙发后的纸箱里冒出了两颗小脑袋："妈妈，我们在房子里!哈哈!"原来，他们把大纸箱当作躲猫猫的"小房子"了。

　　作为一个有点小洁癖的妈妈，我脑子里飞快地列出大纸箱里可能存在的各种灰尘、细屑以及细菌……但转念又想到前两天刚看过的一部关于儿童教育的纪录片，节目里被采访的一位日本妈妈说："在日本，妈妈们都会利用家中的废物给孩子制作玩具，如果孩子的玩具全部都是从商店里买来的，身为妈妈会觉得非常羞耻。"我想，这不正是一个培养孩子创造力的好机会吗?

　　于是，我蹲下来，微笑着回应："哇，你们的新房子真不错，那你们想不想把它装饰得更漂亮呢?"弟弟两眼放光地回应："想!妈妈，我可以把小房子变成蓝色的吗?""当然可以啦!"我回答道，小家伙们开心坏了!

周末，我们找来家里的各种废旧材料，三人一起合力"装修"这个"新房子"，虽然造型不能和玩具店里的比，但它的"门""窗"和"顶"都是姐弟俩亲手涂画的，上面还绘了很多只有姐弟俩才懂的奇奇怪怪的符号。忙活了一天，俩宝如愿以偿地把大纸箱改造成了他们心目中的"蓝房子"。

每天从幼儿园回来，姐弟俩都要在自己造的"蓝房子"里待很久，那里似乎变成了专属于他们的"秘密天地"，他们在里面有说不完的话、玩不完的游戏，这份快乐伴随了他们很久……

教育伙伴说

孩子的快乐很简单，并不是说拥有的东西越多、越贵重，孩子获得的满足感越大。家长应该鼓励孩子多思考，充分信任他们，让孩子自己选择喜欢的游戏、活动，让他们通过亲身参与及不断尝试，最终体验到成功的快乐。

母亲节的礼物

母亲节的前一天，哥哥神秘兮兮地从书包中拿出一张自己做的贺卡，告诉我："爸爸，您能帮我把这个给妈妈吗？让她明天早上一起床就能看到。"我内心一阵感动：小伙子长大了，真是一个小暖男，会给妈妈送礼物了。我悠然地打开哥哥做的立体贺卡，上面居然有一首诗："感谢您生下一个可爱的妹妹，让我永远不孤单……"

附：

妈妈

亲爱的妈妈，

您是世界上最可爱的人。

是您把我带到这个世界。

这个世界有了我，

我也拥有了这个世界。

感谢您陪伴我成长。

我笑，妈妈也笑。

我哭，妈妈也哭。

感谢您生下一个可爱的妹妹，

让我永远不孤单。

您是我心中最伟大的人！

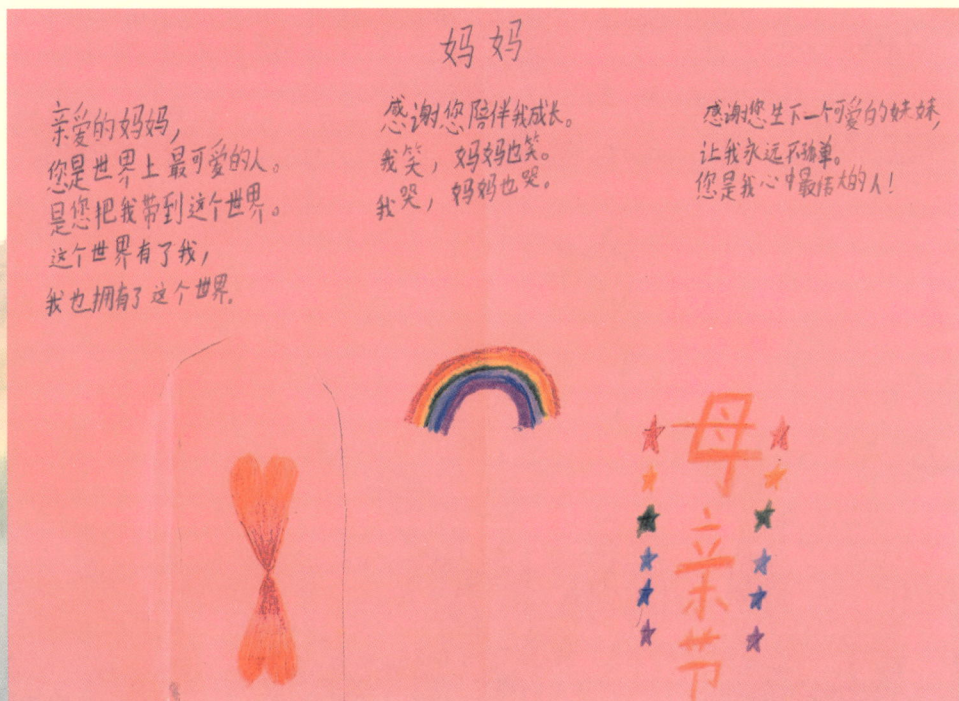

教育伙伴说

大宝和二宝相差四岁,都非常调皮,待在一起没三五分钟就会鸡飞狗跳,你哭我嚎。一度我和宝妈都有点后悔当初生了二宝。

但随着我们年龄的增长和阅历的丰富,我们愈发觉得:在这个人情冷漠、充满竞争和功利的时代,父母最重要的不是给孩子留下钱财和房子,而是给他们留下一个亲人,让他们永远不孤单。

感谢你,我的宝贝,因为你,花朵开放,果实芬芳!

品读童年

家里多了一个孩子,吵闹声可能会越来越多、越来越响;需要解决的"家庭矛盾"可能也会越来越多,越来越棘手……但是,我们知道,有一种情,是兄弟姐妹之情,在他们成长的道路上,互相学习、互相陪伴,比起父母,他们可以彼此相伴得更久,因此在之后的人生中,他们永远不会害怕,永远不觉孤单。我们的教育伙伴也说:看到兄妹俩互相学习的场景,父母也能想象到将来他们彼此照应的样子。对孩子而言,对父母而言,这难道不是加倍的幸福吗?

大人的生活好轻松?

○ 导 语 ○

孩子不是大人的附庸,他们是独立的个体。

"你们大人说的就都是对的,我们小孩说的就都是错的。"

对不起、请原谅

昨天小宝从幼儿园放学回来，和我一起在沙发上玩耍，母慈子孝，画面十分美好。突然，小宝问我："妈妈，你手上被我砸的伤好了吗？"我把手给她看，并说："好了，可是你还欠我一个'对不起'。"事情的起因是前一天小宝用放大镜故意砸我的手，她当时不仅没有道歉，还先声夺人，哇哇大哭。此时小宝承认了自己的过错，羞涩地、轻轻地对我说："对不起。"我立刻大声地、高兴地说："妈妈原谅你了！"谁知小宝惊讶地说："妈妈，你不是早就原谅我了吗？"我说："那就再原谅你一次吧。"在孩子的心中，无论她犯了什么错，妈妈都是会原谅她的吧，这就是被爱的人"有恃无恐"。

教育伙伴说

这篇亲子日记是我在小宝上幼儿园中班的时候写的，之所以勾起我的回忆，是因为前一段时间在小学家校共育讨论会上提到了《零极限》中的四句话"对不起""请原谅""谢谢你""我爱你"，其中深意竟与我和小宝的对话暗合。相较于"谢谢你""我爱你"，能够发自内心地说出"对不起""请原谅"更是一件非常需要勇气的事情。教会孩子说"对不起"在他的成长之路上是十分重要的，即使是在母女这么亲密的关系中，做错了事也需要真诚地道歉。自尊心强的孩子可能在情绪激动时会拒绝说"对不起"，此时没有必要强求，可以等孩子情绪稳定后再提醒他及时地补上这句话。在孩子的心中，妈妈是极具包容性的，妈妈也确实应该接纳孩子的各种情绪，但是接纳是基于理解而不是纵容；妈妈可以原谅孩子，但不能没有底线。真心希望所有的孩子都能领略这四句话的奇妙之处，并在这四句话的引领下，能拥有更美好的生活。

难忘的"六一"儿童节

一年一度最受孩子们喜欢的"六一"儿童节就要到了，小宝的学校为了庆祝儿童节，准备了丰富多彩的活动，还准备了一本主题为"有爱同行、感恩有你"的分享册，里面有很多有趣的问题，其中一个问题是"有没有一个儿童节是让你记忆深刻的？"。看到这个问题，我的脑海里浮现了很多有趣的儿童节场景，并不由自主地思考哪个给小宝留下了深刻印象。小宝很快就有了自己的答案。她说："去年的儿童节是我最难忘的。因为你提前给了我儿童节的礼物，所以等到儿童节真正到来的那一天，我没有收到礼物，感觉很失落。"听到她的回答，我也回想起了去年的儿童节。小宝一贯心急，在儿童节前的很多天就开始缠着我要礼物，我和她说，如果现在把儿童节的礼物送给她，那么在儿童节那天她就不能再有礼物了。小宝听到能立刻收到礼物，马上就答应了我的条件，心满意足地拿到了礼物。谁知，我严格遵守约定，无论儿童节那天小宝如何央求、哭闹，都没有再给她礼物。回想到这里，我问小宝："你从这个难忘的'六一'中有没有学到什么道理？"小宝想了一会儿，认真地回答我说："我不能太心急，一定要学会等待，等到节日真正到来的那一天再让妈妈送我礼物。"

教育伙伴说

这个难忘的"六一"让小宝学会了等待，看来妈妈的坚持还是非常值得的。等待是一种延迟满足，孩子们在等待中提高了自我控制的能力，明白了克服当前的困境才能求得长远的利益的道理。著名的"棉花糖实验"也说明了"能够延迟满足的孩子自我控制力更强，他们能够在没有外界监督的情况下适当地控制、调节自己的行为，抑制冲动，抵制诱惑，坚持不懈地保证目标的实现。"小宝通过这件事情知道了如果等到"六一"再要礼物，就会让儿童节的快乐加倍；而提前要了礼物，只会在儿童节当天感到失落。相信这个由她自己总结出的道理，会在她以后的生活中起到积极的作用。

护短

宝妈和我都五音不全，每次和朋友去唱歌，我和她都愿做"麦克"。不能让儿子走我们的老路！和宝妈达成共识后，我们给儿子报了校外的音乐班。

每次儿子上音乐课的时候，我们都会提前十多分钟到，碰到其他家长，偶尔也会聊上几句。昨天，儿子一位同学的家长问我："你们家孩子练声乖吗？"当时，儿子就在我身边，我自然不能揭露他不好的表现。于是我一边拍着他的肩膀，一边笑着说："我们家程程特别积极，每天晚上都主动练习，表现得很棒！"

儿子抬头看了看我，笑了笑。这笑里有欣慰，有疑惑，也有感谢。

他会觉得，我不在外人面前揭露他的不足之处很赞，给足了他面子。但他同样疑惑，我为什么会这样做？

同样的事情之前也发生过一次，比如说有人问我辅导孩子做作业生不生气，不管真实情况如何，我从来不在外人面前说他的不好，对他除了肯定就是鼓励。

教育伙伴说

事实上，陪读之路并不总是一帆风顺的，很多次辅导他学习都让我们恼火。但是，在孩子面前，在外人面前，不需要交代得那么清楚。肯定他们表现得好的地方，然后加大鼓励就可以了。何必为了满足别人的好奇心而伤害了自家孩子？当我们发自内心地去鼓励与肯定他们时，他们就会从内心深处提高对自己的要求，那种内生的力量会更强大。

做个诚实的人

有天晚上，睡觉前我督促女儿去卫生间刷牙。她关上了卫生间的门，我却迟迟听不到任何动静。过了一会儿，她从卫生间出来了，我问她："你是不是没有刷牙？怎么一点声音也没有？"她的眼神有些闪躲，但还是肯定地说："我刷了呀！"我摸了摸她的牙刷，是干的。我当即拆穿了她的谎言，很严肃地问她为什么要骗妈妈。她皱着眉头说："我有一颗牙齿在摇，碰到了有点疼，我不想刷。但我又怕你骂我……"原来是这样！我顿时有点心疼，安慰道："没事的，有点疼是正常的，妈妈小时候也经历过，等牙齿掉了就好了。实在不行我们先用漱口水。你有困难要跟妈妈说，妈妈可以一起帮你想办法，但是千万不要说谎，好吗？"她懂事地点了点头。自此以后，她每每碰到类似的情况，都会习惯性地先和我沟通。

教育伙伴说

当父母第一次从孩子口中听到与事实不相符的话时，都会产生疑惑：他怎么就学会说谎了呢？是从哪里学来的？紧接着就会怒气冲冲地质问孩子。但仔细想想，所有的孩子（包括我自己小时候）都说过谎，或者犯了错误不承认，在别人面前掩掩藏藏。其实，孩子刚开始说谎并没有家长想象的那样严重，也没有上升到品质恶劣的程度，我们不要随意给他贴上"不诚实"的标签。多数情况下，孩子说谎是因为胆小，害怕承担说出真相的后果，害怕受到家长的惩罚。所以，家长找到孩子说谎的原因，再加以正确引导，就显得尤为重要。

没有规矩，不成方圆。对孩子来说，父母对他立规矩、提要求应越清楚越好，让他越早知道越好。所以当女儿还很小的时候，我就让她知道，什么是不能触碰的底线，什么是妈妈最在乎的。那就是诚实。

有时候碰到故事里、身边发生的类似场景，我都会这样引导女儿：做错了事情没有关系，要勇于承认，没有什么比一个敢做敢当的人更了不起。即便将来你学习成绩一般、文凭履历一般，在社会上和人打交道，诚实、正直的人总会得到别人的认可，因为你靠得住，有担当！对于没有做好的事情勇于承担后果，别人往往愿意再给你机会，甚至主动来帮助你成长。

　　和家人一起或者与朋友交往，最重要的就是爱和交心，而交心的最基本条件就是诚实，做不到诚实的人换不回别人的真心。

努力可以做到更好

　　去年，老师给孩子布置了一项课外作业，要求孩子有感情地朗读一篇文章，然后录音。文章比较长，有些字女儿也不认识，读起来有点费劲。但我能看得出来，她真的很想把这项课外作业做好。第一遍她读得不太通顺，于是她又读了第二遍，这次虽然比较通顺，但没有投入感情。我先是肯定了她的进步，又鼓励她："再来一遍一定会有质的飞跃！"希望她再试第三遍。

　　此刻女儿已经被这篇长长的文章磨光了耐心，一改开始的认真劲儿，说什么也不愿意再读，还带着哭腔说："太长了！我真的不想再读了！"

　　这种情况下，我没有逼她："那算了，你休息下，换妈妈读给你听，你就当听故事吧。"我有感情地朗读了一遍，读完后我平心静气地问女儿："作为听众，你比较爱听谁读的版本？"

　　"还是妈妈读得好听，妈妈让我再试一次吧。"在听我朗读的过程中，女儿渐渐地平复了心情，安安静静地在一边思考。我相信她一定希望自己第三遍读得能像妈妈一样好。

　　她果然完成得非常好。她在之前总是读错的字旁边标注了拼音，所以这一遍她的发音十分标准，在该停顿的地方也学着我一字一顿，很有感情，用她稚嫩的声音，读出了不一样的感觉。我不禁鼓掌叫好，夸她哪里读得比我还好，给了她一个大大的拥抱。

孩子有畏难情绪是正常的，我的原则是不强迫、多鼓励。我曾对女儿说："妈妈可以接受你的失败，但必须是努力后的失败。"

当孩子要完成一件对他来说很有挑战的事情时，必定会经历尝试后的多次失败而气馁、委屈等一系列情绪。这时候家长不要逼他，首先要表扬他的勇敢，告诉他愿意尝试就是勇敢。其次要表扬细节，第二次比第一次好在哪里要夸得具体。然后指出不足之处及需要改进的地方，鼓励他继续尝试。哪怕最后的结果不是完美的，也要肯定他为此付出的坚持和努力！

背书包

今天，在搭乘地铁去上学的路上，果果问我："昨天放学妈妈来接我时，我的书包里面有三本书，和我一起回家的同学的书包里也有三本书，为什么同学的书包是她妈妈背，而我的书包是自己背？"

我说："你同学的妈妈的做法是不对的，这叫溺爱。你要记住，自己的事情自己做，自己的书包自己背。"

我们正要出地铁，果果示意我看前面的一对父女。小女孩比果果大一些，估计是小学高年级的学生，父女俩并排走出地铁。小女孩爸爸的肩上背着小女孩的书包，小女孩空手前行。

我连忙说："在背书包方面，日本做得比我们好，日本的小朋友上下学，他们的书包都是自己背。"

果果问："难道日本的家长不管自己的小孩吗？"

我说："管的，比如上下学路上车子多，日本的家长会来接送自己的小孩，但他们不帮自己的小孩背书包。"

果果懂了，她背着自己的书包和我一起走出了地铁。

一直到现在，果果都是自己背着书包上下学。

教育伙伴说

　　家长替孩子背书包是一件很小的事情，也是一件很普遍的事情。现在小朋友的书包的确越来越重，很多时候家长由于心疼自己的孩子而背起了孩子的书包，但是这个做法不值得提倡。自己的事情自己做，家长千万不要包办代替，这样会使小朋友产生依赖心理，丧失锻炼的机会。

懒妈妈

　　疫情期间，大人孩子统统宅在家里，时间一长就都懒散了。川川天天捧着iPad，我们也懒得去管了。偶尔偷瞄几眼，发现他都是在看国外的小男孩介绍各种玩具的视频，我们既觉得这些视频有些无聊，又有些好奇他到底能不能听懂、看懂。

　　有一天，他在地板上摆弄着玩具轨道和汽车，旁边放着iPad，不一会儿就听到他开始对着iPad的摄像头嘀嘀咕咕说了起来。仔细一听，居然是在模仿看过的视频，用英语介绍他自己的玩具，说得还挺完整、通顺，让我又惊又喜。

　　从川川上幼儿园中班起，我们就给他报了英语培训班，不管我们怎么陪读，他一直羞羞答答地不愿开口说英语，没想到看了几天视频居然就解决了开口说英语的这个难题，果然"兴趣"才是学习的唯一动力。回过头再想，我们一直在给他买这个绘本，为他报那个培训班，用我们自以为有意义的活动填满了他的课余时间。不仅孩子累，而且大人也累，还达不到我们预想的学习效果。偶尔偷个懒，孩子有了自由的时间，发现了自己的兴趣所在，通过所谓"无意义"的玩，达到了预想的学习效果。学会做个"懒妈妈"，更多地用观察和引导，静静地陪伴孩子走过人生各个阶段，大家岂不都乐哉？

教育伙伴说

父母都希望孩子成龙成凤，成为那个"别人家的孩子"，因此往往要求孩子超前学、超额学，让他们在本该学走路的年岁学跑步，从而一家人连带着孩子都变得越来越焦虑。我们总是把自己的想法强加在孩子身上，恨不得孩子样样拔尖。但每个人都有所长、有所短，有自己感兴趣并愿意为之付出时间和精力的事物，也有对此毫无热情、敷衍了事的事物。有时候家长往后退一步，才能更清晰地发现孩子真正的兴趣所在，以及真正适合孩子学习的东西和成长的方式。家长应在对孩子无微不至的生活照料和紧凑的学习当中给孩子一些"留白"，这样他们或许能收获更好的成长。

学会观察　记录生活

读中学时，我一直有和同学通信的习惯；大学进了中文系后，经常和文字打交道；后来到报社实习、工作，写稿更是家常便饭。即便当了妈妈，生活变得更加忙碌，我也会时不时拿出日记本写点什么。

现在，不管是出门去开会，去探亲，或是旅游，我都会带着日记本。有时候别人会投来异样的眼光或调侃我几句，我总是报之以一笑，继续用笔记录生活中的那些琐事——哪怕是用以静心、练字……

孩子从小在这样的氛围中耳濡目染着。

实地写生

孩子上幼儿园的时候，还不会写日记，我便鼓励他用画笔记录生活。

记得有一年暑假，我带着他去经贸大厦游玩。碧空如洗、阳光明媚，适合极目远眺。于是我突发奇想，不如留下来赏落日。傍晚彩霞饶有意蕴，又恰好有这样一个"观景台"，何乐而不为呢？可是漫长的等待落日的时间如何消磨呢？我心里泛起了嘀咕。

这时候，我发现这里的观景角度不光能看到落日，还能俯瞰上海的景色。我灵机一动，鼓励孩子坐下来写生。我先找好了角度，然后给他做示范临摹了一张。

果不其然，孩子被我如此写实的绘画吸引了，原本百无聊赖的他开始坐下来静静地观察眼前的景色，然后有模有样地画了起来。

绘本故事

孩子是一个对未知事物时刻保持好奇心的人，这和我们素日里引导他养成不断去发现生活中的事物的习惯有关。生活中，我们经常引导他记录对生活的感受，也会和他分享我和他爸爸写的日记。我们注重文字的记录，并以此引导孩子，为孩子尽快学会用文字进行记录做了充分准备。他读我写的日记时，读到我吐槽他爸爸的地方，还会捧腹大笑地向他爸爸"告密"。

后来出门旅行，或者走亲访友回来，我会提醒孩子把一天中的趣事记录下来。为了培养他的写作习惯，我们对于他写日记的字数和内容都不做具体要求，以免挫伤他的积极性。每次他写完日记，我都会去读一下，把错别字圈画一下，然后鼓励他继续写作。

今年春节，我带孩子去同学家做客，席间一壶海马酒引起了他的注意。回家后，他写了一篇生动的日记。"海马酒是什么？""为什么叫海马酒呢？""难道里面真的有海马？"他把这样的问题认认真真地记在了他的日记本里。看来，日记有时也是了解孩子内心世界的想法和疑问的好途径呀！

观察自然

今天早晨，我牵着孩子的手送他上学。路上，看到一只长着彩色羽毛的鸟儿突然从树上飞到路边，啄食地上的一条小蜈蚣，反复啄食依然没能成功，见我们越走越近，鸟儿只好又飞回到树上。我带着他边走边观察，欣赏着这有趣的画面。我们刚走过那条蜈蚣，一回头，那只鸟儿又立即飞去啄食蜈蚣，蜈蚣几经挣扎，依然没能躲到石缝里，最后被鸟儿啄食住。有意思的是，鸟儿并没有当即吞咽下去，而是叼着那只蜈蚣又飞回了树上……

"今日的日记有素材了吧。"这时，抓住这精彩的小鸟啄食的时机，我问儿子。

"虽然鸟儿很厉害，但是这本来就是它会做的事情。妈妈，记日记要有感而发。"儿子认真地说。

教育伙伴说

我孩子的性格内向细腻、乖巧胆怯，属于慢热型，这可能是遗传原因。但我坚信，随着对环境的逐渐熟悉和适应，他会逐渐地释放自我。

从小，孩子和我就形影不离。这些年，我都尽可能身体力行地带他亲近大自然、走进社会。寒暑假，我经常带孩子乘坐地铁、公交出行，去各类动物园、植物园、博物馆、科技馆、美术馆和纪念馆打卡。

公共交通这种比较接地气的出行方式，激发了孩子的好奇心，他不仅不知不觉认识了很多字，而且能将很多地铁线路和站名谙熟于心，一有空就捧着地铁线路图研究。这种长期的积累，使得他在幼儿园开设的一堂"地铁揭秘"课上能侃侃而谈，在同龄人中展现出了独特的光芒，由此他也变得自信了很多。

孩子都是善于模仿的。我不看电视，他也不会看。我读书，他也会找书读。我经常写日记，他也会拿出本子，饶有兴致地记录生活中的点滴，有时候是连环画，有时候是几句简短的话，有时候图文并茂。写完，他还会和我分享。

从生活习惯到举手投足，孩子其实都是我们的影子。他们的急躁、拖拉、懒散、粗心，都在提醒我们为人父母应该言传身教，成为"更好的父母"。

人生感悟之"读书的乐趣"

由于工作的关系，我很喜欢买书，也喜欢给鸿鸿买书。因而她读什么书由我买什么书决定。渐渐地，鸿鸿长大了，有了自己的想法。鸿鸿学校的读书氛围特别好，校长把学校一楼大厅改造成开放式的图书馆，学校里的小朋友各自把自己的书带过去分享与传阅。在学校设置一个这样的图书馆是一个特别棒的设计，不仅营造了读书的氛围，更培养了孩子分享和传阅书籍的习惯。渐渐地，在读书方面鸿鸿有了自己的想法和喜好，不再是我买什么书她读什么书，她会反过来要求我给她买她想看的书。有一次，鸿鸿跑过来问我能不能给她买《皮皮鲁传》，她是郑渊洁的小书迷，一直想收集全他所有的书。我告诉她当然可以，但是不要让看完的书闲置着，可以带到学校和小伙伴交换着看。她开心地在家里选好了一些她已看过的书，乐呵呵地整理书包，打算带去学校与小伙伴分享。读书是一种快乐，分享是另一种快乐，两件事叠加在一起，快乐的程度就不仅是做加法的结果，可能比做乘法的结果还要多呢！

教育伙伴说

鸿鸿喜欢看书。作为妈妈，我特别开心。因为我认为大量且高质量的阅读是学习的基础。我小时候没有这个条件，不能想看什么书就买什么书。从某种程度来说，看"闲书"对我是件奢侈的事情。现在的孩子非常幸福，他们有更好的条件去读书，学校为他们提供了更开放的读书环境，家里也会尽量满足他们的读书需求。在物质充裕的条件下，现在的问题反而是如何激发孩子阅读的兴趣，如何更好地引导孩子阅读。鸿鸿的阅读习惯的培养一个渐进的过程，她喜欢有趣的内容、充满想象力的故事。她喜欢郑渊洁的书很大一部分原因，是她喜欢幻想自己像书里的主人公那样去历险。她更乐于和小伙伴分享故事中有趣的情节，而阅读和分享都能给孩子的生活和学习带来珍贵的情感体验。

大人的生活好轻松？

某天的练琴时间，女儿应我的要求弹完了一首练习曲六遍，之后停了下来，半天不再继续练习。我原本在用手机买菜，发觉她停了下来，便抬头提醒她换曲子继续练习，然后抱着手机继续纠结晚上的菜谱。等我纠结完准备结账时，突然意识到房间里还是安安静静的，说好的换曲子继续练习呢？

女儿倒也没有离开琴凳，只是垂着肩膀盯着琴谱发呆。我坐到她旁边，问："怎么不继续练了？"她扭头看了我一眼，叹了口气，说："妈妈，我想快点长大。"

我一脸问号，一时没想明白她突发如此感慨是为了什么。

她神色复杂地瞥了一眼我的手机，又看看面前的钢琴，然后一脸羡慕地对着我喟叹道："你们大人的生活好轻松啊！不用练琴，不用上学，随时可以玩手机，我每天上学去了你就可以在家休息了。"

我承认，有那么一瞬间我竟然觉得女儿说得很有道理！但马上就反应过来，谁说大人的生活轻松了？！我拿着手机就一定是在玩吗？

　　我把手机拿到她面前，把买菜界面指给她看，告诉她在她练琴的时候我并没闲着，而是在买晚餐的食材。

　　我把手机放下，看着她问道："妈妈的生活看上去好轻松是不是？"

　　"是啊，"女儿回答，然后又重复了一遍妈妈不用上学、不用练琴云云，眼神中满是向往，仿佛这就是她理想中的生活。

　　我耐着性子等她说完，接着问："你说妈妈不用上学，可你知不知道妈妈之前一共上了多少年学？"

　　她摇了摇头，于是我帮她算："小学六年，初中三年，高中三年，大学四年，研究生一年，一共十七年。"

　　她露出了吃惊的表情。

　　"你觉得妈妈那十七年轻松吗？"我问。

　　女儿又摇了摇头，说："不轻松。"

　　我接着说："后来我工作了五年，在你出生后选择做全职妈妈，到现在已经八年了。"

　　"这个我知道，现在你的工作就是照顾我。"女儿其实是个小甜心，能说会道。

　　"没错。比如刚才我在买菜，这就是我作为全职妈妈的工作之一。与此同时，我还要监督你练琴，这也是我的工作。你练完琴可以去休息，我却要继续工作去做晚饭，直到你睡觉了，我这一天的工作才告一段落，你说我轻松吗？"

　　女儿摇头的幅度开始加大。

　　"除了照顾你，我还要照顾我们的家，以及照顾我自己，在你每天上学之后，妈妈不光要做家务，还要抽出时间来健身和阅读，有好身体和好心情才能更好地做你的妈妈，你明白吗？"

　　"明白，我希望你心情好，身体也好。"女儿的甜蜜攻势劲头很足。

我把话题转回来，说："至于钢琴，妈妈小时候也练过，但我因为没能坚持下来，一直到现在都还在后悔，而且你不在家的时候我也会练习弹琴，不然你哪里弹错了我都不知道。"说到这里，我不禁感到有点辛酸。

女儿见话题绕了回来，已经准备好把手放在琴键上了。

我看准时机，又说了一句："学习也好，练琴也好，从来都不是一件轻松的事情。就像爬山一样，想要看到山顶的风景就必须一步步爬上去，哪怕山顶的风景没有你想象中的好，却也胜过在半山腰就放弃而徒留遗憾，对不对？"

钢琴曲终于又响起来了。

教育伙伴说

　　女儿的课外生活不算忙碌，但也不轻松，芭蕾、钢琴、国画、网球，每周确实占用了她不少本可以撒欢玩耍的时间，钢琴这一项更是需要每天不断练习。

　　关于练琴这件事，相信每一个陪娃练琴的家长都有自己版本的故事，我也不例外。虽说女儿大部分时候练琴都不需要我一催二吼三恐吓，但我也不得不偶尔应对她的不配合。

　　孩子天性就爱玩，读书、练琴这些事情，哪有疯玩疯闹有吸引力呀？然而就算是生活在大自然中的小兽，也要跟随父母学习生存的技能，更不用说我们的孩子了。相信绝大多数孩子都对学习产生过厌烦情绪，甚至可能很激烈地反抗过学习，那么作为家长要如何帮助孩子疏导负面情绪呢？

　　记得曾在网络上看到过因孩子厌学而让其体验"搬砖"生活的家长，其效果不可谓不显著。如果靠说教无法说服孩子，那么身体力行的实践未尝不是一种好的方法。

　　大人的生活究竟轻不轻松，或者即便现在轻松以后还会不会轻松，相信以孩子的智慧他们足够领会其中的道理，就看家长会不会点拨了。教育这件需要智慧的事，值得家长转动自己的七窍玲珑心。

爱的边界

相信每个带小孩的人，哪怕脾气再好，都有过被气到暴跳如雷、口不择言的时候，我也不例外。

有一天，记不清具体是因为什么事了，我忍无可忍，对着女儿脱口而出："真想打你一顿！"

女儿听了，一脸严肃，看着我的眼睛认真地说："妈妈，只要你不生气，打死我也没关系。"

这句话像在耳边炸开的一声惊雷，对我内心产生了极大的冲击，我瞬间哑火，只是睁大眼睛看着女儿。

女儿也专注地看着我，神情坚定，全然没有意识到她刚才说了一句多么令人震惊的话，反而像在向我证明，她为了让我消气可以做任何事。

我抱住女儿，放软了语气，说："妈妈错了，不该那么说，妈妈并不想打你。"

女儿靠着我的肩膀，点了点头。

然后我拉开她，让她看着我，说："我知道你是因为爱我，所以宁愿自己挨打，也不希望我生气，对吗？"

女儿"嗯"了一声。

"可是打人是不对的，哪怕是爸爸妈妈，打孩子也是不对的。你刚才那句话的意思，在妈妈看来，就是为了你爱的人，就算是对方做了不对的事情，甚至伤害了你，你也可以容忍。"言语间我不禁严肃起来，因为刚才女儿那句话背后隐含的逻辑，在我看来，就是——为爱我愿受伤害。这令我有些不寒而栗。

我接着说："你要记住，任何人都不可以打着爱的旗号来伤害自己或伤害他人，这并非爱的本意。无论是爸爸妈妈，亲朋好友，还是未来你的恋人，都不需要你以伤害自己为代价去讨好、去纵容对方。

就比如刚才，如果妈妈真的动手打了你，你是可以报警的，你要懂得保护自己，明白吗？"

女儿若有所思地点头，然后跑开了。

我家先生坐在不远处目睹了全过程，秉承着一方教育孩子、另一方不当面插手的原则，等我说完了他才走过来，对我小声说："原来还有这层含义啊……往深了想想，还真是挺令人担忧的。"

我说："可能是我小题大做，但借此告诉她爱有边界是很有必要的，不然她到了受到伤害而不自知的地步就糟了。"

老父亲点头，眼神里流露出谁敢欺负我女儿我就跟谁拼命的凌厉，惹得我差点笑出声来。

教育伙伴说

爱是美好的、纯粹的、无私的、包容的，但也应有边界。任何以爱为名的行为，只要越过了边界，就不再属于爱的范畴。有多少伤害是包裹在爱的外衣之下进行的？又有多少人被爱的名义禁锢而无力保护自己？

女儿对我的爱不掺杂质、不讲条件，作为母亲的我无比感动和骄傲。但是，我更希望她在爱人之前能够先爱自己，并绝不以惩罚、伤害自己为代价去取悦任何人。若是有人打着爱的旗号，实则行伤害之事，我希望她能第一时间发现并制止，同时保护好自己。

这种能力是需要我们来帮助孩子获得的，我们有义务教会孩子爱人，同时教会他们爱自己。这并不是教他们自私，而是要让他们懂得，在爱的关系中，更重要的是平等与尊重。父母与孩子的关系如此，未来孩子在两性关系中也应如此。在这条爱的边界以内，才有可能寻得人生的幸福。

大人总是对的吗？

有一天我和女儿因为某件事争论了起来，各执一词，谁也不能说服谁，于是去找爸爸评理。爸爸听完我们俩的陈述，认为我说得更有道理，这场"官司"就算我赢了。

谁知女儿听完有点不乐意，开始嘟囔："你们大人说的就都是对的，我们小孩说的就都是错的。"看来，她相当不服气。

此话诛心啊！我什么时候顶着大人的身份混淆是非了？

我拉住她，认真地问："你觉得妈妈是不讲道理的人吗？"

"不是。"她很客观地回答了我。

"那你说得有道理的时候，妈妈是不是也采纳了你的意见？"

她想了想，点了点头。

我循循善诱道："妈妈之前做错事情时，是不是也向你道过歉？"

她继续点头。

我继续说道："那你怎么能说大人就都是对的，小孩就都是错的呢？咱们家难道不是谁有道理就听谁的吗？"

女儿意识到刚才那句话说得不对了，神色有些赧然。

我总结陈词："大人不是永远都是对的，小孩也不是做什么都错，我们要讲道理，谁有道理谁就是对的，这跟是大人还是小孩没关系。"

"可是大多数时候都是听你们的，我有时候觉得我说的也没错啊！"女儿有些委屈。

我安抚道："因为很多情况下没有明显的对与错。就比如刚才，其实妈妈和你的说法都没错，但是我的建议要比你的更优化一些，这一点点的优势是源于我比你有更丰富的人生经历和生活经验，在这一方面你现在确实比不过我。"

"那我以后会变得比你更厉害吗？"女儿问。

"当然。不久的将来你的见识就会超过我，到时候肯定是你说的更有道理啦！"所以，努力吧，小朋友！

教育伙伴说

　　大人就总是对的吗？当孩子一直被否定的时候，难免会产生这种消极的想法。一旦接受了这个设定，孩子还愿意独立思考吗？是不是他们只要听大人的就可以了呢？而且，大人真的是永远正确的吗？

　　当孩子还小，慑于大人的权威，大人很容易就能让孩子按照自己的想法行事。可是随着孩子一天天长大，各方面的能力都逐渐追上甚至赶超大人，到时他们还会对大人亦步亦趋吗？恐怕到那时，大人将会不可避免地面对孩子的叛逆和抗拒吧。

　　孩子不是我们的附庸，而是独立的个体。孩子有孩子的智慧，他们的智慧未必不会为大人带来启发，因而不容小觑。当孩子与我们意见相左的时候，我们不应习惯性地予以否定并施以家长的权威，而是应该认真倾听并尊重孩子的意见，尝试找到令双方都满意的做法。相信每一个被理解、被尊重的孩子，都能够学会理解、尊重他人。对于孩子来说，无论是在家庭生活中，还是在与别人的交往中，这都是有益无害的。

小烦恼？我能解决

女儿读一年级的时候，有段时间有点小烦恼。

她的一个朋友对她说："你只能和我玩，下课也只能和我一起去厕所，如果你和别人一起玩，我就不跟你做朋友了。"

女儿边吃饭边跟我叙述，苦恼得脸都皱成一团。

我表面不动声色，实则内心暗潮汹涌——终于到了考验小姑娘们"厕所友谊"的时候了。

放下筷子，清了清嗓子，我问女儿："那你想跟她一起玩吗？"

女儿思考了一下，说："还是想的，但是我也想跟别的小朋友玩。不过每次她们叫我一起去厕所的时候，她都会把她们赶走，然后拉着我的手不放，说我只能跟她一起去厕所。"

听到这里，我心中隐隐有些不快，不过还是按捺住情绪问女儿："你有没有好好跟她说这件事呢？说你其实也想和别的小朋友一起去厕所，也想和别的小朋友一起玩，她可以加入你们，大家都可以是好朋友。"

女儿摇了摇头，实心眼儿地说："我没说过。"

我捋了捋她的头发，问："那你想不想跟她好好说一次呢？"

"想，我明天就想跟她说，妈妈你能再教我一下吗？"女儿认真地看着我。

我想着怎么说才能既帮到女儿又不伤害她的朋友，艰难地措辞："你可以试着告诉她，就算你和别的小朋友一起玩，你们两个也还是好朋友，让她放心。"

女儿点了点头，表示没问题。

我接着说："但是，你也要告诉她，如果她阻止你和别人交朋友，还说'如果你和别人玩，我们就不再是朋友'这种话，你会很伤心、很苦恼，你们的友谊也会受到伤害。真正的朋友会希望彼此快乐，而不是伤心、难过，明白吗？"小姑娘之间的友谊，还真有些剪不断理还乱，当年的我也不见得处理得有多高明。

"我记住了，明天试一下。"女儿很是胸有成竹，我倒是心里有些打鼓，做好了如果她解决不了我就介入这件事的准备。

第二天放学后，我们俩一边走一边东拉西扯，终于女儿主动提起了这个话题："妈妈，我今天跟她说了。"

"怎么说的？"

她回答："我说大家都是好朋友，都能一起玩。别的小朋友叫我一起去厕所的时候，我也叫上她了。"

"那她今天有说不跟你做朋友这种话吗？"我问。

"没有。"女儿的语气透着欣慰，"我觉得她变得懂事了。"

我差点"噗嗤"笑出声，心想你还说别人"懂事了"，我看你是真的挺懂事的。

后来接连好几天，女儿一放学就跟我分享她在学校的事情，说她今天都跟谁一起玩了，跟谁手拉手去了厕所，跟那位朋友说了她们是好朋友之后，那位朋友也不再说"如果你和别人一起玩，我就不跟你做朋友了"云云，感觉她有种说不出的轻松。

我的脚步也跟着变得轻快起来，心想小朋友之间的问题他们自己也能很好地解决，一颗赤诚的心总能理解另一颗赤诚的心！

教育伙伴说

　　孩子在与同学的交往中，会出现各种各样的情况，被喜爱、被追随、被拥护、被厌恶、被排挤、被欺负……都有可能。正面的那些情况暂且不谈，一旦孩子遭遇了负面的情况，家长怕是恨不得立刻开启"护犊"模式，替孩子出一口气。但这样做真的有必要吗？

　　从大人的视角来看，孩子之间发生的很多小矛盾，很有可能被脑补成一出充斥着恩怨情仇的大戏，但实际上也许只是谁揪了一下谁的小辫子，或是谁给谁起了个不太好听的外号。并不是说这种行为就不需要制止，而是我们作为家长，或许应该更相信孩子，相信他们有自己独立解决问题的能力。

　　我们应该保持足够的冷静，不能一听到孩子回家告状，就不分青红皂白，认定自己孩子受了欺负，而是要试着从多个方面了解情况，然后客观、公正地给孩子提建议，鼓励孩子自己去化解矛盾。

　　我相信以孩子的智慧他们可以解决他们在成长过程中遇到的大部分问题，在这个过程中他们也在不断地累积经验，只有这样他们才能够在未来有能力解决更加复杂的问题。家长应该给孩子成长的机会，成为孩子坚实的后盾，而非做他们身前铲除一切障碍的先锋。

礼尚往来

（一）

一天回到家，吃完饭后，果果妈发现果果带去学校的可以闪光的蝴蝶玩具坏了，就问果果怎么回事，得到的回答把我们俩气了个半死。

结合果果断断续续的描述，我们大致还原了事情的经过。

昨天，果果隔壁班的方同学送给了果果两个防蚊圈，我听说后就建议果果在家里挑选一件礼物回赠对方。果果挑选了可以闪光的蝴蝶玩具。这个玩具的造型像一只蝴蝶，一按按钮，它就会发光。

今天早上，果果一到学校，把书包放在自己的课桌上后，从书包里拿出蝴蝶玩具，去隔壁班找方同学。由于果果到校的时间太早了，方同学还没有来学校。

果果失望地回到自己的教室，邻座的同学看见了果果手中拿着的玩具，就开口向果果借这个玩具玩。结果，蝴蝶玩具的翅膀被同桌弄折了，也不能发光了。

这一幕被班主任赵老师看见后，同桌立即把玩具还给果果，赵老师便从果果那收缴了玩具，直到放学后才把玩具还给了果果。

果果把事情的经过一点一点地吐露出来，我们越听越生气。学校是学习的地方，带玩具到学校，不仅影响自己的学习，还影响同学的学习。这不就是典型的拿玩具扰乱课堂秩序吗？

（二）

果果做错了吗？她当然做错了。

她不应该带蝴蝶玩具去学校，并且把蝴蝶玩具拿出来，这样既分散自己的课堂注意力，也影响周围同学的学习。

作为家长有错吗？我们当然有责任。我们没有认真思考幼儿园小朋友和一年级小朋友带玩具上学的区别。

幼儿园小朋友带玩具去学校的现象比较普遍，只要不是易传播疾病的玩具如毛绒玩具，或者具有潜在伤害性的玩具如枪械玩具，或者被老师明令禁止的玩具，都不会有太大的问题。

但是一年级的学生要在学校学习，带玩具很容易分散小朋友的专注力，也会影响学习效果和课堂秩序。

所以，今后我们一定严禁果果带玩具去学校。

我们批评了果果，给出的处罚是要求她当晚立即诵读一篇语文和英语课文，而且取消她第二天晚上（周六）看一次动画片的活动。

给赵老师对这件事的处理点个赞。

（三）

之后，我为果果准备了一个礼物送给方同学，就是一盒费列罗巧克力。果果高兴地把这盒巧克力放到了自己的书包里。

有一天，果果跑来对我说："我把巧克力送给方同学，可是她拒绝了，没有接受我的礼物。"

我对果果说："这说明你送的礼物不是她喜欢的。但她送给你的礼物是你喜欢的，所以你一下子就接受了。"

果果说："那我如何送个她喜欢的礼物？"

我说："你平时和朋友玩的时候，要多多关注别人的喜好，投其所好也是一种很重要的沟通能力。"

教育伙伴说

如何正确引导小朋友处理人际关系？我们倡导礼尚往来，但同时要注意一些细节。

第一，不要互相赠送过于贵重的礼物，毕竟小朋友对金钱缺乏概念。

第二，要注意回赠礼物的时间和地点，不能干扰课堂。

品读童年

心理学研究表明，人在内心深处，都有渴望被别人尊重的愿望。孩子具有独特性格，他们自身有不同于他人（父母）的特征，因此父母要学会尊重孩子。孩子有孩子的智慧，不容小觑。相信每一个被理解、被尊重的孩子，都能够学会理解、尊重他人。家长要给孩子成长的机会，成为孩子坚实的后盾，而不是他们身前为他们铲除一切所谓"障碍"的先锋。条条大路通罗马，家长应尊重孩子，相信孩子，相信他们能凭借自己的智慧，运用自己的方法"通向罗马"。父母与孩子彼此照应的样子，对孩子而言，对父母而言，难道不是加倍的幸福吗？

妈妈的表情

● 导　语 ●

学会等待，是一件很美妙的事情。

"亲爱的妈妈：你知道吗？我最贵重的礼物是你给我的，那就是生命。"

互相尊重　互相爱

一轮明月悬在空中，明净，美好。

"弟弟，该刷牙了。"老母亲温柔地呼唤。

…………

"弟弟，你刷好牙了吗？怎么还没出来呀？九点半啦，你该睡觉了哦。"老母亲克制而温柔地呼唤。

…………

"弟弟？弟弟？？"

…………

"你在干什么！！"没错，长久没有得到回复的老母亲开始咆哮，直接走到卫生间门口给弟弟施加压力。

"……我在……啊，……我刚刚就……在刷牙啊……"弟弟含着牙刷含糊不清地回答，慢吞吞地，不情不愿地，还包含了一丝他明明在按我的要求做我还吼他的不爽。

"你确定你在刷牙？在刷牙为什么不应一声？刷那么久了，牙膏的泡泡都没刷出来，你告诉我你在刷牙？！"老母亲夺命三连问。

"哼……哼……"意料之中的"哼哼"声打着弯儿和牙膏沫一起飘出来，换来老母亲在他屁股上一记不轻不重的拍打。

终于，红着眼眶的弟弟磨磨蹭蹭爬上了床，嘴里还哼哼着，睁着眼睛不肯入睡。老母亲想着他吃饭、写作业、练琴时的磨蹭……瞬间怒火中烧，真想用十八般武艺招呼他一遍。

可也只是想想，无奈地看看时间，再看看他莫名其妙的红眼眶，突然哭笑不得："你有啥好哭的？我又没把你怎么样？该哭的是妈妈好不好？叫你刷牙和睡觉都那么累。"

顺着这句话，我有了和他稍微聊两句的想法，于是强压下心中怒火，放低声音："你想想，如果你是爸爸，我是你的小孩儿。每天晚上你都要花那么多的时间一遍遍叫我刷牙、睡觉，而你自己的事情都还没有做完呢，你想不想哭？"

他居然很认真地思考起来。

老母亲满脸苦恼趁热打铁："关键是不只晚上要叫，白天也要叫，每天还都重复同样的事情，累不累？作为爸爸，你会不会发火？"

他懵懂："好像会的，但是我不会哭。"

"对吧，爸爸肯定会生气，所以妈妈也会生气啊！你觉得小孩应该怎么做？"

他没出声，但很认真地看着我。我没再问下去，而是隔着被子轻轻拍了拍他的背，跟他道了声晚安。

第二天，第三天……依然各种情况，各种大呼小叫，不过呢，晚上刷牙、上床的时候，他似乎能记得那个晚上的谈话，也似乎能试着体会我的心情，速度稍微快一点了，也记得先回应我一声。

换位思考对小孩也是一种启发，下星期，或许下个月，碰到什么状况，压抑住怒火，再试试，小孩也是明理的，他能转过弯来。

教育伙伴说

一直以来，我们家长都知道应该尊重孩子，尊重他们的独特性，要用爱的语言，让孩子感受到家长对他们的尊重和爱。但知道是一回事，做到又是另一回事了，尤其是家长在应对柴米油盐，工作，孩子的考试、作业、补课、兴趣班等等鸡毛蒜皮的琐事中依然能够做到，实在是太不容易了。

不过，有了这个小插曲，我倒是能时常提醒自己，压压火气，换位思考，孩子能试着体会大人的心情，我们也应试着体会孩子喜欢玩却要被控制的心情。大家心平气和地聊一聊，互相尊重，对彼此的身心健康都好，毕竟这才是马拉松的开头，不是吗？

和儿子一起成长的感悟

陪孩子一起成长，我觉得关键词是"教导"。

教导方法众多，我把它分为严厉和温和两派。严厉过了头，孩子对学习会产生恐惧感、厌恶感；过于温和，孩子无动力学习，其玩心会加重。如何在教导中把严厉和温和拿捏得恰到好处，确实是一门学问。

尽管一开始我想推行"佛系教育"，但在现在的时代背景下，不得不被"内卷"影响。

"内卷"体现为在教育孩子的过程中我难免会激动、会生气，急于修正他的"不正确"做法。记得有一次，孩子没有好好做功课，拖拖拉拉，懒懒散散，那会儿我头脑发热、血压升高，火气一下子就上来了，一个巴掌就朝儿子脸上挥了上去，只见儿子鼻血直流，但一言不发，丝毫不争辩。

我意识到自己的行为过激了，心里默念：这下闯祸了，这下闯祸了。赶紧让他抬头，拿纸巾、棉花给他止血，口中还不停唠叨着："不要告诉爷爷奶奶哦，不要告诉爷爷奶奶哦。"孩子点了点头答应了，言而有信的他也从未向爷爷奶奶提过此事。

事后，我向他真诚地道歉："妈妈情绪太激动了，对你造成了一定的伤害，这对妈妈来说是一次教训，因为妈妈绝不希望伤害到我的宝贝，但是我更希望用最快的方法让你知道要及时完成作业。妈妈的方法是错误的，以后一定会改正。"

这件事最后不了了之，直到儿子学校举办十岁集体生日礼，其中有个活动是给父母写感恩卡。儿子用他那歪歪扭扭的字，甚至还有错别字，在红色的心形卡片上写下了他对父母的感恩。他是这么写的："亲爱的妈妈：你知道吗？我最贵重的礼物是你给我的，那就是生命。我十岁了，我还是有许多缺点，但请你相信我，我会一天比一天好，我还有千言万语，但我只浓缩了一句话，那就是：我爱你，妈妈！"这段话我反反复复看了不下十遍，一股暖流充满我的全身。孩子是单纯无瑕的，是感恩的，是孝顺的。我非常感动，觉得所有的苦和累都是值得的。

教育伙伴说

　　反观作为父母的自己，有时候我对他进行教育时，态度是强势的，是缺乏耐心的。我想到哲学中提到，人的认识是对客观事物的反映，事物的发展是螺旋式、波浪式的前进过程。静心回味，发现教育就是循序渐进的过程，是家长需要给孩子足够的时间和耐心的过程。孩子有进步的时候，我们应不吝啬给予鼓励；孩子懒怠了，我们必须严厉批评。

　　每一个孩子都是独立的个体，作为家长的我们要给予孩子更多的鼓励和耐心，刚柔并济，坚持到底，孩子才会茁壮成长。

一位想要离家出走的8岁"男士"

这件事虽然已经过去了一年多，但仍对我的内心有很大的冲击。

一天晚上，我和阳阳聊天，他冷不丁地告诉我，他写过离家出走的纸条。我心里一惊，赶紧问他："纸条在哪里，能不能拿给我看一下？"

阳阳把纸条拿出来给我看，并且告诉我，这是那天他趁我陪妹妹睡午觉的时候写的，写完就离开家，去了自己的秘密基地。

"那么，秘密基地在哪里呢？"我追问道。

"这是一个秘密。"这一次，他拒绝告诉我。

但过了一会儿，他还是决定说出来，原来秘密基地就在我们家楼下不远处的一块空地。那一天下午，他还遇到了一位小女生，他告诉她，他想要离家出走，他们说了一会儿话之后，他就悄悄地回家了。

于是我问他："为什么最后没有真的离开家呢？"

"嗯，有两个原因。第一是怕家里人担心，第二是觉得如果一直想着这些难受的心事，就会忽略很多其他的事情。"最后阳阳把这张纸条给了我，并且表示这对他是很重要的东西，一定要好好保存。

如果没有那次夜聊，我也许永远不会知道这件事。因为他悄悄地离开，又悄悄地回来，就好像什么事都没有发生过一样。但是这件事却在我的心里掀起了惊涛骇浪。我已经不记得因为什么和他闹过不开心，也许是因为练琴，也许是因为学习。

作为新时代的父母，我们都知道不可以小看现在的小朋友，但我们不知道的是，在我们不知道的地方，他们藏着我们并不了解的一面。我以为我已了解清楚这件事的全貌了，但是过了几天，我的邻居告诉我，阳阳在秘密基地的附近藏了一些现金，这是他的"离家出走基金"。而这件事，是阳阳告诉了邻居的女儿，才辗转传到了我这里。

教育伙伴说

我一直认为自己不是一位严厉的妈妈，也没有动辄就打骂他，但是当时仅仅8岁的他依然会想要离开这个家，那一刻我真的觉得自己不够了解他。于是我回想过往，我的父母真的了解我吗？其实也不尽然。我只在父母的面前展现了我的其中一面，我还有面对朋友的一面，有面对老师的一面，有面对陌生人的一面，而这些都是我。

所以，我放弃去了解完整的他，因为他以后在社会中需要扮演多个角色，他也会有很多面。但我希望，在面对家人时，他不会再有离家出走的念头。我需要和他有更多的沟通，需要更加地尊重他。但同时，我也必须告诉他，自由的前提是责任。没有责任的自由不是自由，是放纵。

我也有些欣慰，虽然当时的他伤心、失望，但他心中仍然有家人。他知道虽然我和他有矛盾，但我依然爱他、担心他，他也知道要试着调节自己的情绪。身为大人，我要学会控制自己，不能总被情绪左右，要知道，对孩子的谩骂除了发泄我们的情绪，并没有任何益处，而理解和认同却有着神奇的力量。

心平气和，才能循循善诱

"睡觉了，怎么还不刷牙？快点快点！""你在干吗？磨磨唧唧的！""快点写呀，快点！"……相信这一幕在每个家庭每天都会上演吧？

马上就要考试了，孩子又一次慢吞吞地写完了作业，我心急地催促着孩子赶紧洗漱完睡觉，喊了几遍也不回应。走进房间一看，她正拿着我的手机在看。我心中的怒火一下子迸发了出来，对着她就是一顿吼："都什么时候了？你还有时间、有心思看手机？不知道要考试了吗？自己什么情况不知道吗？成绩很好吗？那么笃定！"顺手一把抢过手机。"赶紧给我去刷牙、睡觉！"孩子一言不发，眼眶通红，二话不说冲进了卫生间，用力关上了门，久久都没有出来。那一刻，作为家长的我心里其实是愧疚的，知道话说重了，但是我真的很想让孩子好好写作业，早点休息，不要影响身体健康。我无数次地告诉自己要耐心，可是着急时却总也忍不住发火。于是，我使劲地敲门，里面没有任何反应。我心里是又悔恨又害怕，哪怕她跟我吵也好，哭也行，千万不要一言不发啊！许久，依旧没有任何声音，我越发紧张、悔恨，后悔自己话说得太重了！

孩子还没有出生时，我在内心无数次地告诉自己要做一个好妈妈，自认为已经做得很好了，可是现实却一次次地打脸，依然觉得自己很无能，付出了那么多，孩子的学习习惯还是不好，成绩依然不理想。冷静了几分钟后，我忍不住开口了，隔着门给孩子道歉，说明了自己为何会发火，是因为着急，一方面担心她的身体，一方面玩手机真的很不好……渐渐地，门里隐约传来了抽泣声，"你们大人为什么可以玩手机，我们不行？就会欺负小孩子！""你们说工作需要，那不是等同于没有做完作业吗？没有完成工作就可以看手机、玩手机吗？""我没做完作业不给看手机，做完作业了说影响休息还是不给看！你们大人工作完还有自己的休息时间，想干吗干吗！我们呢？从睁眼到睡觉就没有休息时间！……"

我还想解释些什么，可一时语塞，竟无力反驳。我总是担心她的学习，总希望她把所有时间都用到学习上，希望她每门功课都很优秀。因此每当看到她玩手机、看电视就不由得火从心起，虽然训斥过她无数次，但都没有效果，甚至招来顶撞。细想起来，其实孩子说得也不无道理，这一次我便默默地听着。等她把所有委屈、抱怨甚至辩驳一股脑儿地倾吐出来后，我说了句："妈妈理解你了，知道你的不容易，你也想好好的，谁不想自己优秀点呢？我一直看好你，所以才对你有所期待呀！"

门里的人哭得更大声了，她所有的情绪都宣泄了出来。彼此冷静了许久，门开了一条缝，以为孩子会继续与我僵持下去。不想，她的第一句话竟然是："妈妈，你刚才是生气了吗？别生气好吗？我不想你生气，生气对身体不好，我不想看到你生病！而且生气会变老，我不想你变老！"那一刻，我的眼泪没有忍住，一把抱住了孩子。

我无比惭愧，平时只关注她的学习，她却在关心我的健康。"是妈妈没有管理好情绪，妈妈脾气急，可是妈妈也是人，也有缺点，这也许就是妈妈的缺点吧，你很好！是妈妈的问题！妈妈应该好好和你说的。""不！妈妈也是为我好，我知道的！妈妈，我爱你！""我也爱你！"

教育伙伴说

仔细想想，孩子有什么错呢？我们总是把关注点放在孩子的学习上，却忽略了他们其他方面的优点。我们总是习惯性地拿他们和别人家的孩子比较，这对他们太不公平了！他们确实辛苦，而且说得也没错，我们大人也没有自制力，做不到完全不看手机，都说言传不如身教，我们并没有做得很好。他们学习成绩平平又怎样？他们平凡又怎样？我们大人又比他们好在哪里呢？孩子如此乖巧懂事，如此深爱着我们，即便我们大人做得再不好，他们依然会包容我们，我们难道不该向他们学习吗？即使孩子没有时间观念，但我们也该先调节情绪，心平气和，以理服人，这样才能与孩子有效地沟通。我们所有的脾气都是源于自己的无能与不自信，但孩子的世界却是如此的简单、纯粹，只要我们爱他们，足够爱他们就好了，有爱就够了！有了我们的爱，孩子就有面对一切困难的勇气啊！其实和孩子在一起，不知不觉间我们也正在变得越来越好，不是吗？每当我焦虑、困惑时，只要想起孩子频频冒出的金句，便会生出很多的力量。父母和孩子能够彼此陪伴、共同成长，是一件多么幸运又幸福的事啊！宝贝，我们一起加油吧！

正向沟通

日常检查孩子的作业完成情况时，看完女儿的《数学天天练》答案之后，我把卷子往桌上一拍，语气急躁地说："你自己看看！这道题，还有这道题，是不会做，还是粗心？"女儿小声地说："会做。"我接着说："那就是粗心喽。为什么说了很多次粗心这个问题，你还是改不了？"女儿的眼圈开始发红，我不依不饶："以后所有的数学题，你在理解原理、列好算式之后，最后都要落实到计算上。你都会，但就是粗心，最后导致丢分，你说你冤不冤？"

豆大的眼泪从女儿的眼中滚下，她看着我的眼睛，双手不安地搅动着，说："妈妈，你能不能以后不要总说我粗心？你这样说我心里不好受，你就说我要仔细，不行吗？你越说我粗心，我越粗心。你要是说让我仔细一些，我还能听进去，后面做题时也会仔细一些。"

教育伙伴说

　　这不就是正向沟通的典型案例吗？家长对孩子行为上的反馈，会直接影响他们在自我认知上的构建，慢慢这些反馈信息会形成他们内心的自我认知，从而形成意识，最后深入潜意识之中。我很庆幸孩子说出了自己内心真实的感受，让我可以及时调整自己的言行。虽然日常的烦杂、琐碎经常打乱我们前进的节奏和方向，但我们要时刻注意与孩子保持正向沟通，因为这是让我们拥有幸福能力的基础。

聚餐小插曲

我和朋友相约带小朋友一起聚餐。聚餐过程中，小宝觉得筷架很好看，一直把玩，弄得砰砰响。我训斥了他几句，小宝面色讪讪，低下头不再把玩筷架了。后来再和朋友相约时，小宝就不大愿意跟我一起去了。起初我以为是小宝不愿意和朋友家的小孩玩。直到很久以后，小宝委屈地问我："妈妈，你为什么要当着别人的面训斥我呢？"

教育伙伴说

　　再小的孩子也是一个独立的个体，也有自尊心。家长当众训斥孩子时，他们的内心可能会产生逆反心理，并不一定能认识到自己有什么错，感受更多的可能是丢脸，这对孩子的成长百害而无一利。因此无论在何时，无论对多小的孩子，我们都需要注意尽量避免在公开场合批评孩子，给予他们足够大的空间，让他们自己反省与思考。在松紧适当的监护和指导下，给予孩子自由成长的空间。为孩子好不是挂在嘴上骂他们就是为他们好，而应表现在行动上，批评孩子可以在私下，但切忌在公共场合，抑或当着别人家孩子面大肆批评孩子。训斥是手段，不是目的。孩子错了，通过批评、教育、沟通和引导的方式来纠正他们的错误，避免再犯才是我们的目的。

我的妈妈

今天，女儿拿给我一幅画《我的妈妈》。我抱着她一起仔细地看了几分钟，问道："你心中的妈妈是像公主般的吗？"女儿柔柔地回答："其实，我希望的妈妈是每天心情都美美的，始终面带着微笑。"我沉默了，温暖的黄色和紫色，是女儿眼里妈妈的代表色，在女儿的愿望里，妈妈是美好的、快乐的、温暖的象征，是她想到就两眼冒心心的人。

教育伙伴说

生孩子之前，我们认为最大的困难是没钱、没时间。但真的有了孩子后，最困扰我们的往往是自己的情绪问题。教育孩子需要平和的情绪，然而这一点却被很多人忽视了。宝贝，妈妈会努力，像你画中的那样，做一个始终带着微笑的妈妈。

妈妈的表情

妹妹在隔壁房间唱歌、跳舞，我在姐姐房间耐着性子陪她写作业。姐姐一会儿抓起铅笔，一会儿在铅笔盒里捣鼓橡皮，我的耐心快被磨光了。于是，我皱起眉头说："你不要拿其他东西了，快做作业。"姐姐看了看我，说："妈妈，你能不能用陪妹妹时的表情陪我。"听完她的话，我内心不再平静。

自省！愧疚！

教育伙伴说

一直以来，二宝生活让我既幸福又烦恼。我总是想努力平衡好对两个孩子的照顾，却时常感到挫败。每天尽可能陪在姐姐的身边，却发觉姐姐变得越来越不满足，情绪不稳定，爱生气。也许，我的表情早就出卖了自己。每次陪姐姐的时候，想到的都是来不及做的作业，拖沓浪费的时间，焦虑不由得表现在了脸上。而妹妹还处于学龄前，横看竖看都可爱，所以我陪妹妹的时候自然轻松很多，表情也放松，只要陪她玩就可以了。孩子比我们想象中更细腻，我们的表情他们都看在眼里，我们给他们营造的氛围他们也能感受得到。虽然我每天花费更多的时间陪伴她，她还是会羡慕我偶尔陪妹妹时的那份轻松、快乐。

言传身教

周六中午，阳光明媚，我正悠闲地躺在床上看视频。刚刚还在练琴的小妞跑过来，看着我。于是我收起手机，看着她问："宝贝练完琴了，棒棒的。"可小妞却岔开了我的话题，问我："妈妈，你看手机视频开心吗？"我心里咯噔一下，心想：这小脑袋瓜是想着也要看手机吧？我佯装认真地想了想（其实一开始是佯装，但很快也认真想了一下），回答："看的时候挺开心，但是放下手机的一刹那就后悔了。"小妞继续问："为什么？"我："因为浪费时间，而且看完视频眼睛非常不舒服。"小妞："那妈妈你眼睛现在不舒服吗？"我："是的，有点不舒服，觉得眼前的东西有点模糊。"小妞："妈妈，那你闭上眼睛休息一下吧。"我眨了眨眼睛。小妞继续道："妈妈，其实你可以把时间用在跟我互动上。这样我开心，你也不会因为看手机视频而事后后悔，而且我相信你跟宝宝玩也会开心的。这样，一件事让两个人开心，一份开心就变成了两份。"说着还举起了两根小手指。我的心头猛然地触动了一下。是啊，这么简单的道理，孩子都知道，为什么大人往往自知却不为之呢？

教育伙伴说

我们总是以大人的权威来要求孩子自律，要他们回家先写作业，写完作业再做别的事情，每天坚持练琴，不要痴迷于无聊的玩具，早点睡觉……但我们是否往往严于律"娃"，宽于待"己"？大家都知道"父母是孩子的第一任老师""言传身教""耳濡目染"这些道理，但真正能做到、做好的有多少人呢？我们能陪伴孩子的时间十分有限，好好珍惜，一起努力吧。

艺术本天成

这些年，我一直沉溺于写写画画的书画小"道"之中，就像每天都要吃饭一样，我总会拿起笔刷两下，这已经成了我生活的一部分。其间，我也曾放弃节假日的休闲时光，花了些银两求教于国内一些线下、线上的知名机构和老师，也倒是落了个自得其乐。虽然不能说自己对书法、绘画有什么独到的见解，但是我也得到身边一些行内、行外师友的认可。

2018年的春节，女儿四岁半。那天，我写好过春节用的"福"字和春联以后，把毛笔搁在书桌上出去了一会儿，回来后发现桌上多了一些色彩斑斓的"福"字（女儿用彩笔写的）。我定睛一看，不由得赞叹了一声："乖乖，不得了！"这些"福"字写得太打动人了——字的结体不拘一格，布白疏朗有致，线条饱满老辣，用笔出神入化，在书法的"道"上不局限于传统，让我耳目一新。我苦苦追求的艺术效果和亟待解决的很多问题的答案，竟然都得到了完美的体现与诠释。

一番感叹之后，我停下来认真思考这个问题。为什么会这样？难道真的是艺术本天成？我参加名目芜杂的各种艺术类兴趣班，削足适履，或许早已磨灭扭曲了自己的艺术天分，而孩子对艺术的感觉却完全来自自己对这个世界的最本初的体悟。

教育伙伴说

　　个人的一点看法：一是，不是每个孩子都要十项全能，不是别人家孩子会的你的孩子都要会，不是别人家孩子擅长的你的孩子都要擅长；二是发现孩子的特长，让这个特长变得更有优势；三是给孩子选择老师一定要慎重，宁缺毋滥！

　　即使您是一条龙，您的孩子也未必是龙，龙生九子，各有不同。家长的心态要平和一些，不要焦虑，不要"内卷"，不要做观影时第一个站起来的人，而要做第一个坐下去的人。

孩子是面小镜子

　　女儿非常善于模仿，无论是语言表达，还是行为举止，她都可以模仿得惟妙惟肖。

　　作为平时与女儿相处时间最长的人，我的言行自然是最常被她模仿的。无论是脸上的表情、说话的语气还是做事的习惯，女儿简直就是我的"翻版"。

　　她仿佛是一面镜子，将我的一切都如实映照出来。

　　当我手上捧着一本书，女儿往往也同样捧着一本书；当我展开瑜伽垫开始做运动，女儿也会过来凑热闹；甚至我对她的那些说教，也经常被她照搬，用来"教育"她的那些娃娃们。

　　这令我十分欣慰，却也充满惶恐。欣慰是因为模仿能力也是学习能力的一种，惶恐则是因为我必须时刻注意自身的言行举止，并且时常担忧，怕在我看不见的地方，她会去模仿什么错误的行为。

　　然而谁也不是生活在理想国，既然外部的环境无法掌控，便只能反求诸己，毕竟在孩子心中，自己的父母就是天然的榜样。

　　这么想来，孩子的模仿行为也为教育带来了很大的便利，想要孩子长成什么样，家长就表现成什么样，潜移默化，润物细无声，岂不美哉？

只是说起来容易，做起来难，自我约束从来都不是一件易于做到的事。哪怕再想以身作则，我也会忍不住瘫在沙发上抱着手机一看就是大半天，或是在说话时不小心说出一两个不那么文雅的词语。这时女儿的模仿能力就会及时给我敲响警钟，看到自己的不良言行在女儿身上表现出来，其惊悚程度简直被放大了无数倍，让我恨不得立刻稍息、立正、站好，老老实实、规规矩矩起来。

所以我总觉得，养育小孩真的是一个让自己和孩子都不断变好的过程。孩子这面小镜子，让我能时不时正一正衣冠，端一端品行，要自己先变得美一些，孩子才会跟着美起来。

教育伙伴说

家长们都发现孩子这面小镜子了吗？如果没有，那便借此机会观察一下自己孩子，是不是就是最常照顾孩子的那个人的"翻版"。成长中的孩子像海绵一般，吸收力极强，但吸收时却不分良莠。若家长不注意自己的言行，孩子往往是受影响最深的那一个。当我们在批评、抱怨孩子的某些行为时，有没有想过，或许自己的身上也存在同样的问题呢？

我们常说榜样的力量是无穷的，人天生就会趋近美好的事物。当我们的孩子处在人生中最善于模仿的阶段时，我们何不努努力，让自己成为孩子的榜样。没有理想国，我们便以自身的言行为孩子立起一座灯塔，让孩子在面对外界纷扰时，总能寻得前行的方向，这多好啊！

别人家的孩子

女儿嘴巴甜，最会说些让人听了嘴角止不住上扬的话。

烧了她爱吃的菜，她会说："妈妈你烧的菜最好吃了！"化了淡妆去学校接她，她会说："妈妈你化妆真好看！"帮她粘好了不小心擦破的本子，她会说："妈妈你的手好巧！"

她还经常抱着我说，妈妈你好香，妈妈你好美，妈妈你真棒，妈妈我最爱你了。火力十分密集，糖分全部超标，这让我的虚荣心以肉眼可见的速度膨胀起来，觉得这个妈妈当得可真值啊！在女儿眼里，我简直就是最完美的妈妈。

然而，比起女儿对我的慷慨赞美和夸奖，我对她的夸赞却有些吝啬了。

有一天放学，女儿和同学结伴玩耍，我站在边上与几个家长聊天。

家长们聊着聊着就陷入"你看你家孩子多优秀，不像我家那个如何如何""我家孩子跟你家的一模一样，你说气人不气人"……诸如此类的语境中。聊到激动处，无论是抱怨还是爆笑，声音都大了些，还把几个孩子吸引了过来。

既然孩子都过来了，几个家长就纷纷夸别人家孩子，顺嘴再教育自家孩子，"你看谁谁练琴多主动啊，你还每天要我催""谁谁写作业都不用妈妈盯着了，你也自觉一点""谁谁现在都能读原版小说了，你也多练练英文啊"……

孩子们听完家长的"教诲"，玩耍时跑得热乎乎的一张张小脸都有点冷了下来。

回家路上，女儿委屈巴巴地问我："妈妈，你为什么只夸别的孩子不夸我……你是不是觉得我没有别人好？"

我心中警铃大作：糟糕，光顾着摆家长的臭架子了，随口一说，好像伤到了孩子的自尊心。

我赶紧心虚地反问她："妈妈平时不是经常夸你吗？"

"可是有好几次你都只夸别人的孩子，不夸我，你这样让我很伤心，因为我都不夸别人的妈妈，只夸你。"女儿红着眼圈控诉，"你还当着别人的面说我不好。"

我的心脏仿佛被捶了一下，飞速反省：教育小孩虽然没错，但是用别人家的小孩教育自己的小孩，好像是挺令人讨厌的。而且当着别人的面教训孩子，确实有失妥当。

知错就改。

我赶紧揽住她，先施展我屡试不爽的撒娇大法稳住她的情绪，扭捏着语调说："妈妈刚才不该那么说，你在我心中是最棒的，你原谅我，别伤心了好不好吗？"

女儿不理我。

我继续撒娇："好不好吗？"

她看我仿佛在看一个熊孩子，刚才还委屈的表情逐渐变得无奈。

我再接再厉："妈妈以后再也不当着别人面说你了，有什么问题咱们回家关起门来说，好不好？"

女儿听了，矜持地"嗯"了一声。

我乘胜追击："那你笑一个嘛！你笑起来最好看了！"

"真的吗？"小丫头的嘴角已经控制不住弯了上去。果然还是要夸啊！

教育伙伴说

你小时候有没有被家长口中"别人家的孩子"支配的阴影？你心中是否充满了委屈、不服，甚至愤怒？那现在你又有没有用"别人家的孩子"教育过自家小孩？自家小孩又是什么反应呢？再试想一下，如果从孩子口中说出"看看别人家的父母怎么怎么好，再看看你们自己如何如何不好"，你心中会作何感想？

我想大多数人都不会甘愿被动地与他人进行比较。可当我们在赞叹别人家的孩子有多好时，往往会附和对自己家孩子恨铁不成钢式的贬损。我们自我感觉良好，觉得这是在以榜样的力量鞭策孩子，却忘了去保护孩子的自尊心，也忘了孩子从未将我们与别人家的父母相比较。

我更愿意相信，好孩子是夸出来的。经常被夸奖的孩子，他们的脸上是带着笑容的，他们笑容是自信的。相比负面的情绪和语言，孩子更容易接受正向的激励，其效果是一味的批评与打压所不可比拟的。我们不妨对孩子开启"夸夸模式"，学会有技巧地用夸奖引导孩子，也许在收获一个自信的孩子的同时，也能收获孩子对我们的夸奖呢!

品 读 童 年

　　小树苗长成参天大树，非一日之功。等待不是浪费时间，而是教育中的重要智慧。等待，意味着不违背孩子自然成长的规律，给予他们思考、回味和联想的时间，包容他们的错误，而不是急于告诉他们正确答案来"加速"他们的成长。等待的意义，在中国传统绘画中可见一斑，中国传统绘画在空间处理上特别注重留白，即以有限的笔墨来表现无限的境界。这一点也非常值得家庭教育借鉴。培育小树苗，需要像园艺师那样给予耐心、细心、精心，需要把握季节，遵照生长规律，既不可消极等待，也不可揠苗助长。爸爸妈妈们，等待，其实是一件很美妙的事情。

可可的爱国故事

● 导 语 ●

在孩子心中种下爱国强民的种子，静待花开……

"我将来要当个发明家，发明非常非常厉害的机器，让我们的国家变得更高强，把中国的名字改成'高国'！"

可可的爱国故事

正值中国共产党建党100周年，暑假我们带可可和他的爷爷奶奶、外公外婆四位老党员一行七人，开启湖南文化之旅，参观、游览了韶山毛泽东同志故居、刘少奇故居花明楼和贺龙家乡张家界武陵源，瞻仰了伟人照片、生活物品、信件、书籍等历史资料，聆听了他们坚定志向、投身革命、英勇战斗、无畏牺牲的感人事迹。其间，在青松环绕的毛泽东铜像广场，可可怀着无比崇敬的心情，跟着爷爷和外公一起向毛主席铜像献花、敬礼、鞠躬，通过这种最传统的方式纪念、缅怀伟大领袖。由此，自豪而激动之情油然而生，回程路上我们一直哼唱《唱支山歌给党听》，这首歌轻快的旋律仿佛带我们重新回到了那个年代，感受着那个年代军民一心的动人情感。

教育伙伴说

"读万卷书，行万里路。"2021年的暑假旅行非常有意义，在增进了亲子感情的同时，也培养了孩子的爱国情怀和信念。让孩子明白，有国才有家，而且爱国之情只有通过实际行动、实地感受，才能真真切切地被激发出来。我想，这颗爱国的种子已经在可可心中种下，假以时日，静待花开。

"高国"的梦想

一天傍晚，带着孩子去散步，回来的路上我们开始讨论理想。儿子突然说："我将来要当个发明家，发明非常非常厉害的机器，让我们的国家变得更高强，把中国的名字改成'高国'！"

我"噗嗤"一声笑了，一是孩子语出惊人，竟想把国家的名字改了，胆子真不小！二是没想到，孩子竟有如此长远的眼光，回看中国的百年变迁史，让中国成为"高国"真的不是梦想。

我笑着回答孩子："未来的'高国'，等你去创造，你要好好吃饭长身体，认真学习长知识，才能练成像孙悟空一样的高强战士哟！"

孩子蹦了起来，笑道："还要像'嫦娥'一样冲向宇宙！"

教育伙伴说

身在这个时代，中国基建、中国互联网、中国制造、中国文化已经逐渐成了中国的标签，中国人逐渐站在了世界舞台的中心，我们的祖国日益兴盛、富强，每一个中国人为着国家兴盛而骄傲和自豪。

我们的下一代，拥有更广阔的视野、更前沿的技术、更国际化的思想，未来充满创造的力量，无限可能正等待着他们的发掘。"少年强则中国强，少年智则中国智"，十年后的孩子们，你们有多高强，中国就有多高强！

我和我的太外公——革命精神的传承

儿子暑假去了爷爷奶奶家，家里除了爷爷奶奶，还有可爱可敬的太外公。儿子做完作业，总会拿出他心爱的玩具手枪把弄起来，坐在一边的太外公兴致勃勃地拿过儿子手中的左轮手枪，开始给儿子讲解左轮手枪是如何快速装子弹的，还教儿子如何来回转动身体以躲避子弹。俩人你一句我一句，聊得津津有味，原本我们以为儿子会没有耐心和太外公沟通，但令我们没想到的是，他不但听得很认真，而且耐心回答太外公给他提出的很多问题，这让我们深感欣慰。

太外公在给他讲述战争年代的往事时，苍老的眼睛里发出炽热的光芒，儿子尽管看上去似懂非懂，但也被这种情绪感染得热血澎湃，全神贯注地听着，还时不时地问："太外公，国民党那时候比共产党强大那么多，你们怕吗？"虽然这样的革命故事我们听了一遍又一遍，但是每一次我们都听得意犹未尽。

教育伙伴说

　　这则小小的故事发生在2021年6月26日，虽然看上去这是再平常不过的一天，但是再过4天，就是我们伟大祖国建党100周年纪念日。当这个小小的瞬间出现在我们面前时，我们心里倍感温暖，因为太外公已是93岁高龄，于1948年加入中国共产党，太外婆是1956年加入的。每年的建党纪念日，二老都会穿着干净、整齐的白色衬衫，戴上国家颁发给他们的光荣徽章拍照留念。没有这些老革命家、老党员的光荣牺牲和无畏奉献，何来我们现在的太平盛世？

　　两个真正经历过乱世，又见证了如今盛世的太外公和太外婆，时常会在不经意的小细节里将革命精神一代一代传承给我们，告诉我们在这个浮躁的现代社会要如何节约、节制地生活，同时他们还将老党员为人民服务的精神传承给我们。这样的精神不仅传承给我们，还继续传承给我们的儿子，有老一辈的支持和鼓励，我们和孩子会一起学习和成长。

　　反思我们自己，常常手里拿着手机却要求孩子不能多玩手机，不能刷短视频，但其实我们并没有做到真正意义上的言传身教。我们在让孩子看书的时候，自己有没有也多花点时间去阅读呢？我们在孩子玩耍的过程中，有没有像太外公一样，通过一把手枪给孩子讲述一段有历史意义的故事呢？我们一直在责怪孩子调皮不听话，却从来都没有反思我们自己的问题。换种教育方式，调整自己的生活状态和模式，给孩子真正意义上的言传身教。

　　感谢太外公不但给儿子上了生动的一课，而且给了我和孩子的爸爸很多教育上的启发。

家门口的口号

　　家门口的武警大楼外墙上高挂着两句口号："听党指挥　能打胜仗　作风优良""绝对忠诚　绝对纯洁　绝对可靠"。

　　女儿两三岁的时候站在窗边，常会问起对面大楼墙上的这几个红红的大字是什么意思，摆在那里有什么用处，这时候军人出身的爷爷奶奶会一遍遍地和她解释。当时的我总想：这么大点的孩子能听懂点什么呀，她不过是看到什么都好奇罢了。

当她开始学认字的时候，看到"听"，她脱口而出："听，就是'听党指挥'的听！"我仍笑着问她："你知不知道什么是'听党指挥'啊？"她认真而坚定地回答我："我们是中国人，当然是要听中国共产党的话呀！"听到这样掷地有声、早已内化于她心中的话时，我突然被震慑住了，原来在耳濡目染之下，孩子的心里早已播下"热爱祖国"的种子。

从那时起，我就开始重视对孩子的爱国主义教育，除了爱国的口号，我们必须让孩子看到祖国的美好与独一无二，让孩子真心为身为中国人而自豪。

教育伙伴说

　　"少年强则国强"，祖国的未来是这些孩子的，作为家长，我们有责任培养孩子树立正确的人生观、价值观。孩子这份原始的炽烈而真诚的爱国情感，不仅是未来的希望，也是他们日后生活的重要动力。

我与孩子谈复兴

路过黄浦区延安东路段，孩子兴冲冲地指着路边绿地上的字，大声念道："高举中国特色社会主义伟大旗帜，为实现中华民族伟大复兴的中国梦不懈奋斗！"然后转头问我："这是什么意思？"

我想了想，对一个八岁的孩子解释这句话的含义，还真有点困难。我试着先用主谓宾、定状补等语法知识分析句子结构，又讲了"高举……旗帜"是方式、方法，"社会主义"是一种社会形态，以及何谓"复兴"……忽然发现，这也是我第一次认真思考这句话的意思。或许对国家的重要方针政策及标语口号，我们思考得太少了。

教育伙伴说

　　有时候，我们大人认为是"常识"或者"习以为常"的事情，对于小孩子来说是全新或者难以理解的概念。我们对"需要努力学习"习以为常，对"要听妈妈的话"习以为常，对"少看电视少吃糖"习以为常……我不禁问自己，每次说类似这样的"常识"的时候，是不是都应该跟孩子认真地解释"为什么"。因为只有知道了为什么，孩子才有自我驱动力去行动。而自我驱动力产生的能量远远超过父母的唠叨、老师的教诲和书本的知识。保护好孩子对未知世界的探索兴趣，激发他们内在的自我驱动力，是家长在孩子成长道路上最应该做的。

神舟十二号

　　跟孩子一起收看了神舟十二号发射以及三位宇航员的太空启程之旅。孩子边看边说："妈妈，我好激动啊！为什么好想哭？"

　　我："嗯，妈妈内心也很激动呢。咱们中国以后会越来越好，知道为什么吗？因为有更好的你们去继续发展国家和整个……嗯……宇宙！"

　　"妈妈，有女的宇航员吗？""妈妈，是不是要当宇航员的话眼睛不能近视？""妈妈，你觉得世界上最伟大的工作是什么？"……妈妈知道，女儿的心里开始燃烧起做宇航员的小火苗了。

本来是想对女儿说："因为有更好的你们去继续发展国家和整个'人类'的。"但又觉得关于航天这个话题，"人类"有点格局不够大，所以话到嘴边就改成了"宇宙"。我深知许多孩子的理想都是高远的，他们会在成长的过程中慢慢接受自己的平凡。然而，思想的格局不能限制我们对一切美好事物的想象。大局观可以拓展我们所有思想和行为的边界和高度，从而使我们更立体、更全面地认知世界。女儿，加油！我会在你成长的道路上一直陪伴、鼓励、协助你，同你一起欣赏路上美好的风景，分享内心的感悟，无论目的地在哪里。

从"荆轲刺秦王"说开去

女儿爱读书，尤其爱读历史书，这个习惯大概是从小学一年级起养成的。最开始她还只是一味地读，实际上就是看绘本、看漫画，看得津津有味。

不知从何时起，女儿开始对历史人物指手画脚、评头论足起来，什么蚩尤无能，有风伯雨师帮助还能大败，简直不可思议；什么子路太傻，连逃命和把缨带重新绾结哪个更重要都分不清；什么唐太宗虚伪，明明是手足相残还号称君权神授，欺骗百姓。每每听到这些，作为家长，我并没有着急去纠正她的思想，"诲娃不倦"，毕竟孩子对历史人物和事件的看法总是要经历从幼稚到成熟、从片面到全面的过程，不用一一较真，应给她自由思考的机会。

直到有一天，当女儿反反复复看了荆轲刺秦王的故事后，主动找我聊起她的看法。我才意识到，是时候通过讨论为她打开思路，让她用一种更加公允和全面的方式看待历史了。

女儿问道："荆轲实际上很傻，刺杀失败，结果自己被杀了，说明武功还是不够高强；不过如果成功，把秦始皇杀掉，他仍然难逃厄运，还是会被秦兵杀掉，那干吗要去白白送死？另外，书上说秦始皇有23个儿子，留下姓名的有4个，即使刺杀成功，秦始皇还有那么多儿子，他们是不会善罢甘休的，肯定要立刻发兵攻打燕国，为父报仇，那么燕国也就会完蛋，可能比实际灭亡时间还要早些……"

女儿能这样发散思维，说明她已经走出了看历史漫画的阶段，这是个好现象，但也正是实施引导的重要契机，否则容易陷入盲目认知，进而盲目自大和笃信、偏信的误区。于是我们用了两个晚上的时间，畅谈了"行刺"作为人类历史上针对统治阶层开展"斗争"的特殊方式的价值评价，列举了林肯、肯尼迪、甘地、拉宾、伊藤博文等人遇刺的例子，说明这是古今中外兼有的历史现象，同时通过话题牵引，围绕"荆轲刺秦王为什么会被写入历史？""荆轲身上的闪光点究竟是什么？"这两个问题展开进一步讨论。

通过抽丝剥茧般的层层深入，女儿最终得出"侠客精神""一诺千金""明知不可为而为之""虽千万人吾往矣""为（燕）国捐躯，在所不惜"等观点，同时也认识到相比较"行刺"这样的小道，"侠肝义胆""重义守诺""爱国"才是荆轲身上更值得学习与弘扬的精神品质，并进一步从历史进程的角度，认识到仅凭荆轲一己之力难挽历史狂澜，燕国的灭亡是生产力落后的必然结果等。至此，女儿实现了在这一问题上的认知飞跃。

教育伙伴说

培根说："读史使人明智。"实际上只说对了一半，读而不思，何谈增广智慧。感谢女儿的语文老师，培养了她读书、读史的兴趣，也培养了她爱思考、勤发问的好习惯。通过这次对话，我深刻感受到女儿的成长与蜕变，更体会了把握教育契机的重要性，让她有了自己的思考后，再与她对话，给思想留白才是父母真正应该做的。

品 读 童 年

  爱国之情，是人世间最自然、最朴素，也是最深层、最持久的情感。每一个孩子心中都有一颗爱国的种子，孩子这份原始的炽烈而真诚的爱国情感，是未来的希望，也是民族兴盛的重要动力。我们应深入了解，上下五千年的历史长河中孕育出的博大精深的中华文化，并在世界舞台上展示中国传统文化，彰显中国传统文化的当代价值在世界文化史上的地位。作为中国人，我们要有足够的文化自信。"少年强则中国强，少年智则中国智。"孩子们，美丽中国的新篇章等着你们去续写。

学 生 作 品

导 语

我们的童年很美！

愚园路的老房子

上海市建青实验学校　四（一）班　陈可欣

漫步充满人文底蕴的愚园路，用笔刻版，用版画机印出身边的美好。

树林里的眼镜

上海市建青实验学校　三（二）班　陈思桦

曾获上海市"'一带一路'中意青少年绘画互学互鉴交流活动"一等奖。

地铁上的下班喵

上海市建青实验学校　　四（二）班　　胡嘉祎

　　把一家人化身为最爱的猫，可见生活的点滴都能成为我们创作的素材。

学会言行一致

大人自己都做不到的事，
就不要轻易拿去教育小孩。

学会言行一致。

Learn to act in accordance with Your words.

上海市建青实验学校　三（五）班　施悦童

活到老，学到老

外婆，我来教你怎么弹这首曲子吧。MI SO LA～～

活到老，学到老。
It's never too late to learn

上海市建青实验学校　三（五）班　施悦童

动物是人类的朋友

如果你的朋友把你锁起来表演，你会开心吗？

动物是人类的朋友

We are friends

上海市建青实验学校　三（五）班　施悦童

观　鱼

小儿来河观鱼，鱼儿随游水中。
碧水风平浪静，白雾缭绕。
鱼儿藏于下，美景无限多。

上海市建青实验学校　三（五）班　肖润祺

　　这是孩子在鱼池边即兴创作的小诗。用心感受生活，用诗歌抒发感想。给予孩子自由发呆的时间，常常会有意外的收获。

读 书

小读书之味，愈久愈深。

上海市建青实验学校　三（五）班　肖润祺

坚　持

坚持的力量，如滴水穿石。
待渐渐体会到其中乐趣，
兴趣爱好便会如挚友相伴一生。

上海市建青实验学校　三（五）班　肖润祺

感 受 自 然

　　大自然是最棒的游乐场，家门口，街心花园，绿地，
细心留意处处都能发现各种小动物的身影。
　　感受四季变换，体悟生命的意义。

上海市建青实验学校　三（五）班　肖润祺

体 验 劳 动

芒种时节，下田插秧。

亲身体验"汗滴禾下土"的辛劳与喜悦。

田间有飞舞的蝴蝶，漫步的白鹭以及蹦跳的蟾蜍。

上海市建青实验学校　三（五）班　肖润祺

秋 天 的 雨

下雨了

我看到一个个亮晶晶的水洼上面

有很多小雨滴在比赛跑步呢

雨停了

我把最喜欢的黄色送给了月亮

月亮像一块月饼

吃啊吃啊

吃出了秋天的香甜

上海市建青实验学校　二（五）班　李享

海　浪

海浪——

狠心的海浪，

狡猾的海浪！

当你正满意于它的温柔之时，

它却会像一把刀似的，

刺穿你那美好的心愿，

而你那一滴滴的血正是那伤心的泪……

上海市建青实验学校　三（五）班　季子妲

快 乐 鸟

一天早晨我打开窗户，

看见一只怪鸟在对我"喳喳"地叫。

这天我过得很快乐，

睡觉时才知道，

它是一只快乐鸟！

上海市建青实验学校　三（五）班　季子妲

我

我是风，

我吹起飞舞的落叶；

我是海，

我把小船抬起又落下；

我是雨，

我把快要枯萎的花儿救醒；

我是云，

我和无聊的孩子们打趣；

我是太阳，

我给世界万物带来温暖，

添加色彩！

上海市建青实验学校　三（五）班　季子炬

想　象

想象怎样变成现实？

怎样，

让一束夏天的阳光穿过冬天的冰层，

让我抓住光的尾巴去宇宙寻找太空的秘密！

怎样，

让战争中的子弹变成令人喜悦的花瓣和果子，

让痛苦中孩童的泪水瞬间凝结成灿烂的笑容！

怎样，

让我乘流星去追逐一个又一个梦想！

怎样……

啊！

我的想象无穷无尽。

可是，

怎样让它们都变成现实呢？

上海市建青实验学校　三（五）班　季子妘

时　间

时间啊，

他是什么？

他是一个淘气的小人儿，

他是一个四肢发达的运动员，

他是一个……

为什么？

为什么他走得这样快？

时间啊！

上海市建青实验学校　三（五）班　季子姮

小 诗 两 首

夏天在哪里

夏天在腿上，

腿上穿短裤。

夏天在身上，

身上穿短袖。

夏天在床上，

床上铺凉席。

夏天在泳池，

我在池中戏。

夏天多么快乐啊！

阳光

阳光在草地上躺着，

阳光在山林中躲着，

阳光在城市里闹着，

阳光在校园里跑着，

阳光在妈妈的眼睛里亮着。

上海市建青实验学校　三（四）班　陈遇安

给妈妈的一首诗

在我的眼中，

妈妈是对我最好的。

她长着一双水汪汪的大眼睛，

和一对弯弯的眉毛。

妈妈所有对我的爱，

都是无价的。

比如，帮我检查作业，

比如，给我做饭。

上海市建青实验学校　三（四）班　陈遇安